絶対に後悔しない
二世帯住宅のつくり方

相続対策から家づくりまで
トラブル対策59のポイント

一級建築士・CFP
山岸多加乃

FIRST
ファーストプレス

はじめに

家族で話し合う将来のこと

最近は、新聞を広げると景気の悪化による雇用の低迷や、昨冬のボーナス減少率が過去最大など、家計を脅かすニュースを目にすることが多くなっています。

こんな日本経済の状況で、これから出産期を迎える世代や子供が入学・進学を迎えお金のかかる世代にとって、少しでも安心して生活できる基盤を持ちたいと切実なる思いでしょう。そこで、最近注目を浴びているのが、二世帯住宅です。

二世帯住宅は、子世帯にとって次の点のメリットがあります。

- 低コストで安定した住まいの確保
- 両親の老後の心配
- 両親に子供を預かってもらい、共働きができる

●子供の躾や教育に世代の違う両親との生活が役に立つ

親世帯にとっては次の点が解消されます。

●子供が独立し、夫婦2人では広すぎる住まいは管理が大変

●老朽化が進み、耐震性・耐久性に不安のある家をリフォームや建て替えをしたくても年齢的にローンを組むことが難しい

●老人世帯を狙った犯罪などへの不安

●病気や介護への不安

更に双方にとって、生活費・建築費・税金などの経済的メリットは大きいものがあります。

こんなに良い事尽くめの二世帯住宅だから、両親に、あるいは子供にすぐにでも話をして計画を進めよう！　と思いがちですが、ちょっと待ってください。

家族そろって幸せのために建てた二世帯住宅が、親子の絆、兄弟姉妹の絆を壊してしまうこともあります。

原因は、次のことが挙げられます。

- 世代間格差による、価値観の違い
- プライバシーの問題
- 生活スタイルの違い
- 経済負担の偏り

これらは同居間での問題ですが、意外と誰も教えてくれないのが、相続問題です。「うちは財産といえば家だけ、家族みんな仲がいいから相続争いなんて関係ないわ」とほとんどの人がそう思っていると思います。

しかし、この「財産は家だけ」というのがトラブルの原因になるのです。

二世帯住宅の場合、親の土地に子供または親子共有名義で住まいを建てることが一般的です。同居する息子（娘）に兄弟姉妹がいなければ（一人っ子）、問題ありません。しかし、兄弟姉妹がいる場合で同居の両親が亡くなったとき、唯一の相続財産は同居の子供が専有し、兄弟姉妹の間で公平に分けることができません。

最悪の場合は、幸せのために建てた二世帯住宅を売却し、相続財産を分割しなければならない状況もありうるのです。

そうならないためには、
『家族みんなで事前に話し合う』ことが大切になります。
話し合うポイントは
――親世帯を中心とした、家族の生活や現在の状況、将来への考え方――

●親世帯は誰と生活をしたいのか
●病気、介護のときに、誰に面倒を見てもらいたいのか
●それぞれの子供とその家族の現状報告
●親として子にどんな生活をしてほしいのか
●親世帯自身のラストプランニング
●家とお墓を誰に継いでほしいのか

これらの話し合いをした上で、相続財産の分割を含めて二世帯住宅の理解を求めることがトラブル防止となります。

本書では、相続対策から家づくりまで、二世帯住宅に起こりうるトラブル対策のポイントをお伝えいたします。

筆者は、「家族が共に支え合い、幸せになりたい」と願い建てた二世帯住宅を、最高の住まいとして住み続けていただくための参考書として、本書を役に立てていただきたいと願うばかりです。

親と子がお互いを思う気持ちは、とても大切なことです。二世帯住宅はそんな優しい気持から生まれる住まい方です。

二世帯住宅の計画を機に家族みんなで話し合い、今以上に家族の絆を深めてください。

山岸 多加乃

2010年3月

第1章 相続対策は最重要ポイント

第2章

土地の環境は明暗を分ける

121

第3章 間取りで後悔しないポイント 169

第4章 資金計画は甘えずに思いやりを持つ

第5章
子孫に受け継がれる生活

序章

後悔しないで親の土地に住まいを建てる

1
こんなはずではなかった相続と二世帯住宅が引き起こす悲しいトラブル

point

二世帯住宅や庭先住宅づくりは、同居する両親はもちろん、同居しない兄弟姉妹・配偶者の両親と話し合いと、相続・不動産・建築の知識を持つ専門家に相談することが成功の鍵となる。

予想しなかった相続と、二世帯住宅が引き起こす悲しいケース

◆ケースA

Aさんは3人兄弟の長男で、親の面倒は当然長男の役目と考えていました。父親の定年退職をきっかけに、Aさんは兄弟に「両親の面倒をみるために一緒に住む」程度の説明しかしないまま二世帯住宅を建て、両親と夫婦と子供2人の6人家族で生活を始めました。二世帯住宅の建築費用は、父親が定年退職金から半分負担し、残りはAさんが住宅ローンで準備しました。

何年か経ち両親が他界し遺品整理を始めた頃に、兄弟から法定相続割合通りに、財産を3人平等で分けてほしいと話がありました。

両親の財産は、Aさんが住む土地と家2分の1の持ち分がほとんどで、退職金は建築費用で出してもらったために預貯金は少しです。「平等で分けてほしい」と言われても、Aさんには住宅ローンや子供の教育費にお金がかかり、代償で支払う蓄えはありません。

結果的に兄弟と揉め、築10年ほどの二世帯住宅を取り壊し、土地を売却して遺産を分けることになりました。

◆ケースB

Bさんは父が亡くなったことをきっかけに、母親の面倒をみるために夫と子供と母親の4人で実家に同居することになりました。Bさんには兄がいましたが、離れて暮らしていました。そのため、兄も同居して母親の面倒を見てくれることに賛成してくれました。

母親が亡くなり、兄は面倒を見てくれたBさんに感謝の気持ちがあり、唯一の財産である土地と家はBさん家族がそのまま住み、登記名義だけは兄妹仲良く2分の1ずつ相続することにしました。

しかし、数年後に兄が勤める会社が倒産してしまい、職を失った兄は、生活費にも困るようになってしまいました。兄は、Bさんに実家の自分名義である、2分の1の持ち分を買い取ってほしいと請求しました。Bさんは、兄の持ち分に相当する金額を、高い金利で銀行から借りて支払うことになったのです。

◆ケースC

Cさんは、祖母と両親とCさん家族の三世帯で古い家に住み、建て替えを考えていました。住んでいる土地のほかに、農業をしていた土地もありましたが、都市開発で近隣に道路や鉄道が整備され、随分と値上がりしていることを知り、一部売却をして建築費用に充てようと考えました。しかし、土地の売却代金の扱いや、不動産が祖父の名義であったことなどから、相続・贈与が心配になり、知り合いの税理士に相談しました。

税理士から、相続税がかかるので相続税対策を進められ、取り組むことにしました。

税理士の提案は、農業をしていた土地は、型が悪く道路づけがあまり良くないので、兄弟に相続させ、今住んでいる土地は、南側に大きな道路と西側に3mほどの道路があるので北側に三世帯住宅を建て、大きな道路に面した部分を、相続のときに売却して納税資金にし、残ったお金は兄弟で平等に分け、住宅ローンを返却するというものでした。

兄弟からも賛成され、税理士から紹介された建築会社で、早速三世帯住宅を建てて生活を始めました。しかし、祖母と父親が亡くなり、予定通りに土地を売却し、相続手続きも無事に終わったころ、大きな問題に気がついたのです。

土地を購入した先は、マンションディベロッパーで、Cさんの家の前には六階建てのマンションが建ってしまいました。せっかく建てた二世帯住宅は一日中日が当らない真っ暗な家となってしまったのです。

これらの悲しいケースを引き起こした主な要因は、次の2つです。

①両親と同居しない兄弟姉妹と事前に相続について話し合いがされなかったこと
②相続と不動産・建築の知識を持った専門家に相談しなかったこと

相続や家を建てるということは、一生のうちに何度も経験することではありません。だからと言って「わからないから」で放置することでもありません。

リーマンショック以降、いまだに失業率も高く、企業業績も不安がある中で、高齢化社会が進んでいます。両親の心配と、安定した住まいを得たいという気持ちを、同時に解決しようと、親の土地を利用して住まいを建てる人も増えてくるでしょう。

しかし、家族でしっかりと話し合いもせずに事を進めてしまうと、ケースのような悲しい結果を招くこともあります。面倒がらずに、ポイントを押さえた事前の対策をすることで、家族みんなが仲良く幸せに暮らすことができるのです。

2

65歳以上の家計資産の大半は、不動産が占める

point

法定相続分通りにきっちりと分けられるのは、財産の全部が現金や預貯金の場合だけ。評価と分割が難しい自宅などは、平等に分けることが困難である。

戦後の民法改正前までは、日本は「家督相続制度」により、長男が家長となって財産を相続し、両親の面倒から墓守、祭祀までを承継していました。現在は「平等相続制度」となり、すべての相続人が平等で、民法では相続する権利のある人とその財産に対する割合が決まっています。しかし、基本的にどの財産をどのように分けるかは相続人の自由で、遺言がなければ、相続人同士が話し合って決めることになります。

図表1　1世帯当たり家計資産統計　65歳以上

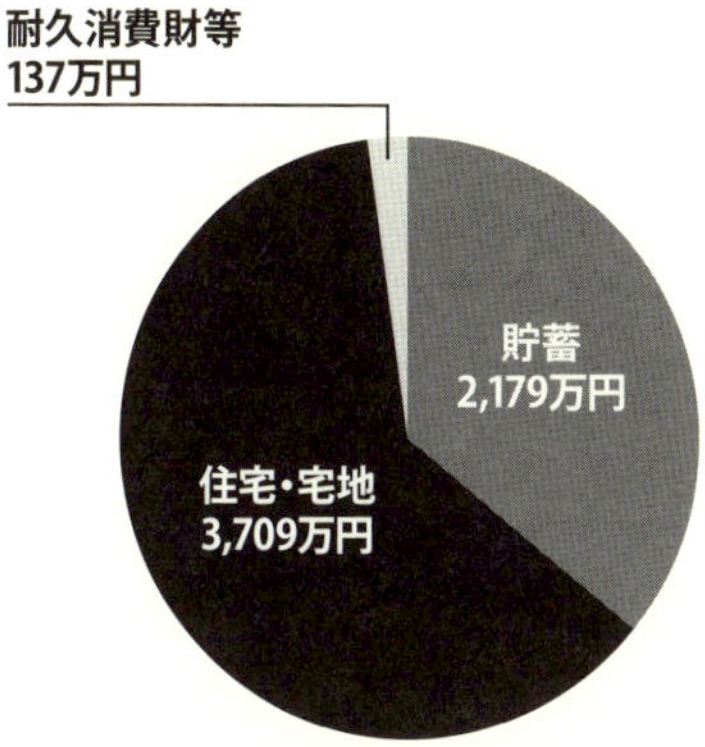

法定相続分に分けられない資産構成

不動産や株式など価格変動により変わりますが、総務省の統計を見ると、65歳以上の家計資産は、自宅・宅地などの不動産が3709万円で62％、次に貯蓄が2179万円で36％となっています（平成一六年全国消費実態調査　総務省統計局　独立行政法人統計センター）。

特に日本では、65歳以上のいる世帯の79・1％が一戸建てに住み、住宅の所有関係は83・4％が持ち家です（平成二〇年住宅・土地統計調査　総務省統計局）。

つまり、相続財産のほとんどが自宅となっているため、法定相続分通りに分けることは、きわめて難しいということになります。

平等に分けにくい財産

財産が現金や預貯金の場合は、1円単位で兄弟平等で分けることができます。しかし、300万円の高価な指輪を兄弟2人が相続した場合に、指輪を半分に切ってしまったら、その価値が下がってしまうことは想像がつくと思います。また、兄が指輪を受け取り、半分の金額を弟に支払うとしても、指輪を購入したときの金額と現在価値は違ってくるので、評価も難しくきっちり平等に分けることはできません。

では、自宅という不動産はどうでしょう。

山中の人里離れた一軒家で、利用価値がなく売却もできない不動産を相続した人は、管理費と固定資産税などが発生するだけの、マイナスの財産となります。

一方、最近では都心に出て財産を築いた人たちの相続も始まっています。ここ数年、不動産の価格は下がってはいるものの、サラリーマンが手にするには高額で魅力的な財産です。このような不動産を通勤圏内で働く人が相続した場合は、とても有効な財産となります。そして、すでに自身が自宅を持っていたり、遠方に住んでいる人にとっては、売却することで一定の金額を得ることができる財産です。

複数の相続人が、同じ不動産に住みたいと考えたり、1人は住みたい、もう1人はお金にしたいと思った場合は、どうすればいいでしょうか？

まず不動産は、次の条件が整って初めて値段がつきます。

①ライフラインが整備されている
②市場ニーズに合った家を建てることができる
③売る人と買う人がいる

たとえば、図表2Aのように、相続人が2人で60坪の土地を半分の30坪で分けた場合は、土地の条件と要望により異なりますが、住むことが可能な家を建築できるでしょう。

しかし同じ土地を4人で分けた場合は、土地の間口は1人3・75m（およそ畳6畳間の長辺）、建物間口は約2・5m（およそ畳6畳間の短辺）になってしまいます。これでは満足できる家を建てることができません。

図表2Bの例は、土地が同じ面積でも道路に面する長さが短い場合です。相続人が2人の場合でも間口はそれぞれ5mになってしまうので、こちらも思うような建物は期待できないでしょう。

図表2Bを図表2Cのように分割しても、30坪に分ければ奥の相続人が利用できる有効宅地面積が少なく平等にはなりません。その分を勘案しても方位や近隣状況により、さじ加減も難

図表2｜土地の分割例

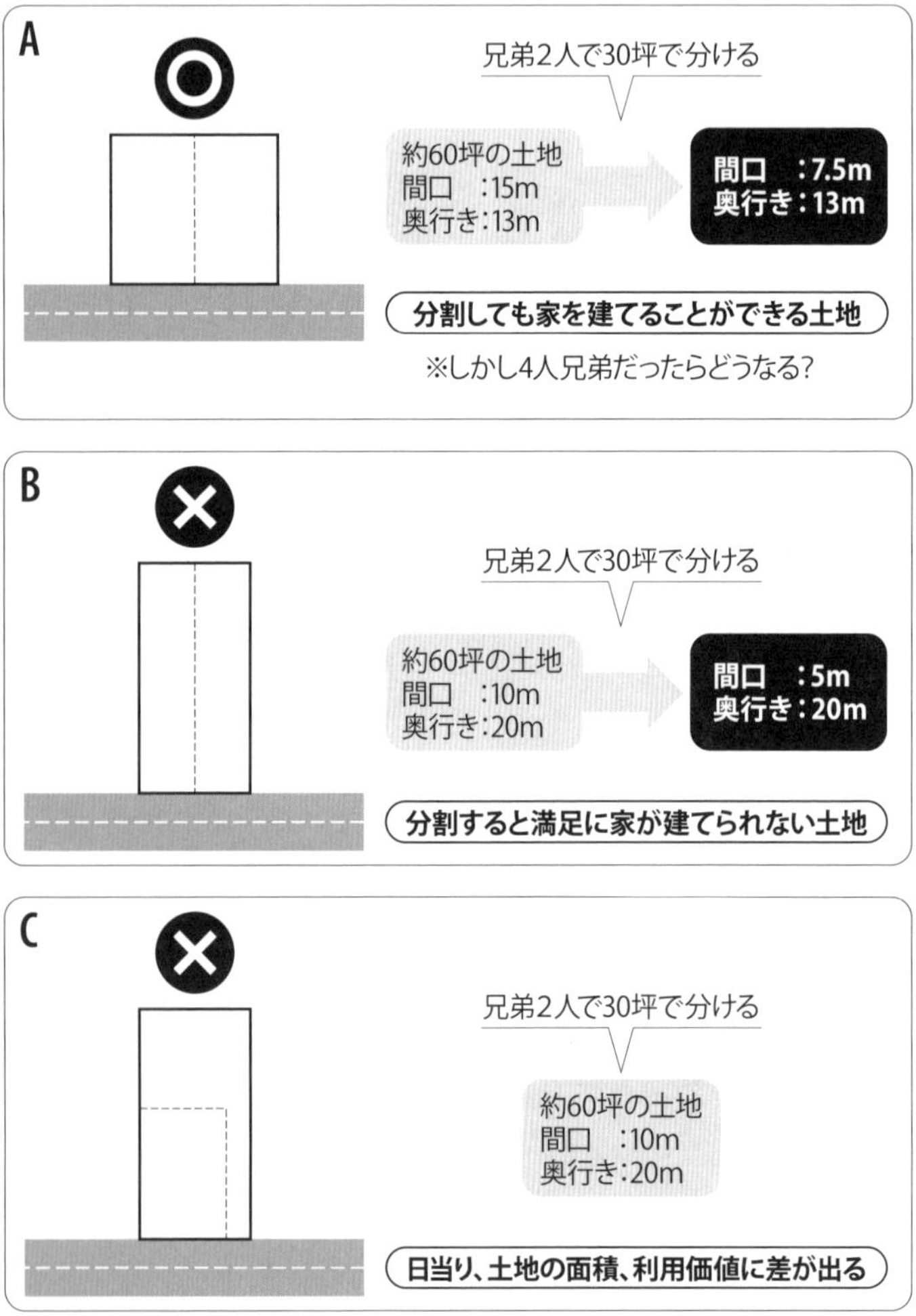
A
兄弟2人で30坪で分ける
約60坪の土地
間口　:15m
奥行き:13m
間口　:7.5m
奥行き:13m
分割しても家を建てることができる土地
※しかし4人兄弟だったらどうなる?
B
兄弟2人で30坪で分ける
約60坪の土地
間口　:10m
奥行き:20m
間口　:5m
奥行き:20m
分割すると満足に家が建てられない土地
C
兄弟2人で30坪で分ける
約60坪の土地
間口　:10m
奥行き:20m
日当り、土地の面積、利用価値に差が出る

しくなります。

このように土地を分割してそれぞれが「利用する」「売却する」ことは、分割の条件によっては指輪の事例のように、もともとの財産価値よりも低くなってしまうのです。

兄弟姉妹で平等にしたくても、土地は分割しにくく、更に建物は、システムキッチンを姉に、外壁材のタイルを弟になどと分割することもできません。

両親と二世帯住宅にして住む場合は、同居する相続人が、財産のほとんどを占める分割が難しい不動産を専有することになります。

更に、二世帯住宅の建築費を両親が一部負担した場合は、相続財産の分割の偏りが大きくなり、平等とはかけ離れ、争いの種となってしまいます。

親の土地を利用して家を建てるときは、両親も交え、利用する相続人と他の相続人が事前に話し合うことが円満相続の要となります。

親の土地に住まいを建てることと、相続がなぜ関係しているのか、ケースもご覧になってイメージを掴んでいただけたと思います。

3

二世帯住宅は、相続のことまで配慮が必要だが、メリットが大きい

point

一戸建て住宅の取得と比べると、土地を探す手間や購入資金が必要ない。しかし、他の兄弟姉妹と相続分に差が出るため、事前に話し合わないと、争いになる可能性がある。

新居までの一般的な流れ

親の土地を活用して、二世帯住宅の検討を始めたご家族は、まずは住宅展示場を回ることから始める方が多いようです。

理由はいろいろあると思いますが、漠然と両親との生活を考えるより「家」という器から生活のイメージをつけようとする自然な流れなのでしょう。

次に、インターネットで情報を収集し、本や雑誌、ハウスメーカーや地場工務店（以下：住

図表3　新居取得までの比較例

家ができるまでの流れ	親の土地に住まいを建てるまでの流れ
情報収集	家族との話し合い
▼	▼
資金計画	相続の配慮
▼	▼
土地探し	土地の確認
▼	▼
土地の契約	情報収集
▼	▼
家づくりパートナー選定	資金計画
▼	▼
各社に基本プラン・見積	家づくりパートナー選定
▼	▼
別途工事費・諸経費の確認	各社に基本プラン・見積
▼	▼
性能表示・長期優良住宅など利用決定	別途工事費・諸経費の確認
▼	▼
実施設計・詳細見積	性能表示・長期優良住宅など利用決定
▼	▼
設計管理・工事請負契約	実施設計・詳細見積
▼	▼
建築確認申請	設計管理・工事請負契約
▼	▼
工事着工	建築確認申請
▼	▼
工事段階別検査	工事着工
▼	▼
引き渡し	工事段階別検査
▼	▼
登記ほか手続き	引き渡し
	▼
	登記ほか手続き

宅会社）のパンフレットから「完全分離型」「一部共有型」「完全共有型」など、二世帯住宅の間取りパターンや構造・デザインを選び、家族の生活に合ったプラン作りを依頼します。

住宅会社では、敷地調査を行い、要望を盛り込んだプランと、見積もりや仕様の提案を行います。更に実際に建てた家を案内してくれる住宅会社もあります。

プラン変更の打ち合わせや予算の心配、新しい生活への不安など、家族と話し合いを進め、あっという間に数カ月が過ぎ、やっと契約と思えば、次に住みなれない仮住まいに引越して気を使い、更に建築現場の定期検査立会など、日常生活では経験しない日々の連続です。

そして、完成引き渡しで鍵を受け取り、やっと夢の二世帯住宅の生活がスタートです。


住まいを建てる多くのご家族は、膨大な体力と気力を注ぎ、新居を手に入れています。

二世帯住宅を建てる場合は、相続財産の分割が偏り、争いの種になるとお伝えしましたが、次の３つの対策を行うことで兄弟姉妹、家族みんなが幸せになる二世帯住宅を手に入れることができます。

①一緒に住む親の希望とそれぞれの生活について
②一緒に住まない他の兄弟姉妹と相続について
③一緒に住まない配偶者の両親と家族の絆について

「家を建てる」という一大イベント以外に、まだやらなければいけないことがあり、大変そうに思うかもしれません。しかし、血のつながりのある兄弟姉妹、両親との話し合いですから、ご自身の考えを、誠意をもって話すことでみんな賛成し、協力もしてくれるようになるでしょう。そもそも二世帯住宅は、お互いに大きなメリットがある親孝行のひとつなのです。

二世帯住宅のメリット

相続まで事前に話し合わなければいけないこと、世代間の違いやプライバシーによる問題などデメリットもありますが、ここで、建築家の立場から、二世帯住宅のメリットを5つ紹介します。

❶ 空間の合理化と演出

二世帯同居型の場合は、特に玄関・キッチン・洗面浴室・階段などを共有することで、その分趣味の部屋を作ったり、リビングや庭などを広くとるなどの空間の演出をすることができます。

❷建築費の合理化

完全分離型二世帯住宅の場合でも、同じ間取りを二棟建築するより、一棟で建築するほうが、基礎工事や大工工事、屋根工事など、建築費を節約することができます。また、生活空間に直接反映しない仮設工事費用や現場管理の費用なども同様です。建築費が節約できた分は、住宅ローンの負担も少なくなります。またその分で照明器具やカーテン・家具などのインテリアに回すこともできます。

❸ランニングコストの合理化

ガス・水道・電気・電話などの光熱費には、基本料金があります。二世帯住宅でも完全分離型の場合には別々になりますが、完全共有型・一部共有型は、一世帯の契約にすることで節約できます。

❹自治体によって助成金などがある

自治体によって違いますが、東京都ですと品川区や北区は二世帯住宅・三世代住宅に助成金があります。また江戸川区では低金利による直接貸付などが利用できます。詳しくは、各自治体にお問い合わせください。

❺固定資産税の優遇

一定の床面積などの要件を満たした新築住宅の場合には、120㎡までの居住部分に相当する固定資産税額が2分の1になるという軽減措置があります。完全分離の二世帯住宅の場合、240㎡の建物であっても、親世帯が120㎡、子世帯が120㎡とそれぞれ区分登記することで、固定資産税が2分の1になります（減免期間あり）。

また、ひとつの住宅について200㎡までが小規模宅地用地として扱われ、固定資産税は課税標準が6分の1、都市計画税は3分の1に軽減されます。

言うまでもなく、土地を購入しないで住まいを手に入れることができることは、子世帯にとって大きな経済的メリットと言えます。

4

そもそも相続財産とは両親の血と汗の結晶

point

両親が頑張って貯めた財産は、両親がライフスタイルを考えて好きなように使い、子は両親が健康で長生きするサポートがベスト。

同居の主な理由

二世帯住宅への同居の理由として、子世帯は、主に次の４つが挙げられます。

①親の老後が心配だから
②子供の誕生や成長に伴い家が手狭になったから
③家事や育児を協働したかったから

④自力で家を持つことが困難だから

また、親からの要望があってという理由も半数はいるようです。

親世帯の主な同居理由は、次の４つが挙げられます。

①高齢時の病気や健康状態の不安を解消したい
②子供が出て行った広い家に老夫婦だけでは寂しい
③子や孫と楽しく生活したい
④生活費などを助けあえる

財産は親のもの

そもそも、財産は両親が守り、頑張って貯めた財産です。「亡くなったときの預貯金が最高残高」というよりも、生きているうちに、両親自身がライフスタイルを考え、好きなように使うことがいいのです。

相続時精算課税制度（98ページ）や、２０１０年・11年の期限付き住宅取得資金の贈与（１０１

図表4　家族形態別に見た高齢者の割合

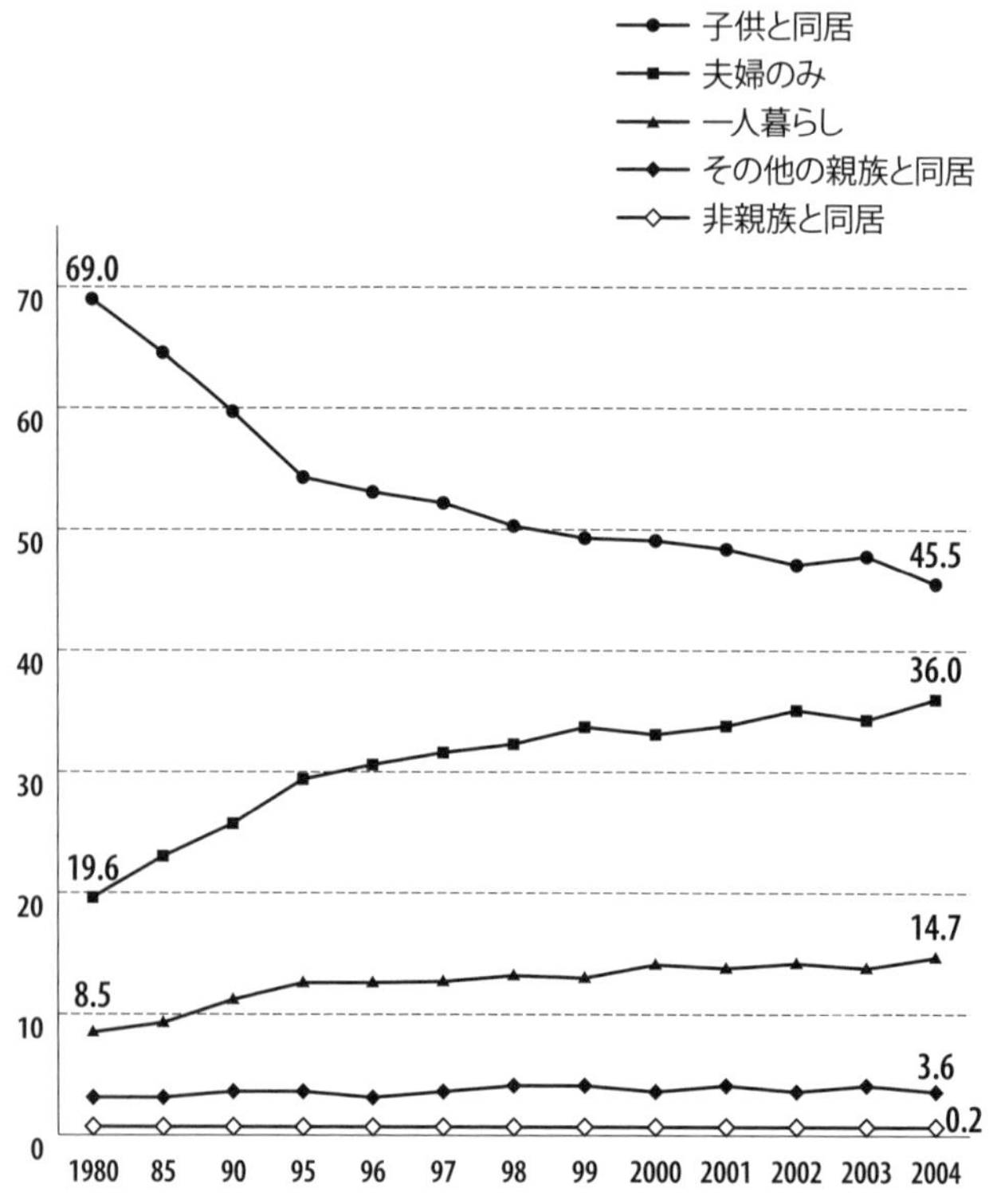

資料：昭和60年以前は厚生省「厚生行政基礎調査」、
昭和61年以降は厚生労働省「国民生活基礎調査」

注1）「一人暮らし」とは上記調査における「単独世帯」のことを指す。

注2）平成7年は兵庫県の値を除いたものである。

ページ）などを活用して、「冷暖房も効かない」「雨漏りがする」「地震が心配」「間取りの不自由さと段差による危険」など、多くの問題を抱えている古い住まいを思い切って、子供の名義で二世帯住宅を建て、子供や孫と新しい住まいで賑やかに、快適に過ごすこともひとつの方法です。

多少、わがままと言われようと、苦労して築きあげた財産です。お金では買えない、安心で幸せな団欒生活を手に入れるために使うことは、家族みんなが喜んでくれるはずです。

最近では、たまに会い、食事や買い物をする少し離れた、お互いに独立した生活が増えているようです。気を使わない「気軽さ」というのがあるのでしょう。

いずれにしても、両親が、幸せに、健康で長生きできる財産の使い道を、家族みんなで話し合うことが一番の親孝行と言えるでしょう。

5 相続税の掛からない、プラスの財産

point

両親の人脈や知恵、家族のルーツを学び、将来の発展と心の教育につなげる。

お金で買えないプラスの財産

かつての日本は、祖父母と両親、子供、更に両親の兄弟姉妹までと、大家族で住むことが当たり前の時代でした。しかし、高度成長時代に農村部から都心部へと労働人口が流れ、核家族化が進んだ現在は、こじんまりとした生活に慣れてしまったようです。

家族と賑やかな団欒を過ごしたり、時には摩擦を起こしたりする生活からは、社会の一員として、生活する知恵がたくさんあります。

一般的に、相続の対象となる財産は、「不動産」「預貯金」「株式」「有価証券」「年金」などのプラスの財産と、借入金などのローンや損害賠償義務などのマイナスの財産とがあります。

しかし、お金では買えない大切なプラスの財産もあります。

◆人脈を相続する

両親の事業を、後継者として継ぐ場合やご自身が新たに事業を始める場合は、特に両親が人生の中で築き上げた人脈という財産が事業に役立ちます。

経営などの相談者として、営業協力やお客様として事業の成功に向け、一緒に手伝い、応援してくれるでしょう。

◆知恵を相続する

「亀の甲より年の功」とは、経験を積んで世間をよく知るお年寄りは、尊ぶべきという諺です。確かに昔から伝わる知恵は現代社会で学ぶべきことが多々あります。

たとえば、「もったいない」という循環型エコの考え方です。反物で着物を作り、次に羽織にし、子供のおむつにして、最期に雑巾にして使い捨てにしない心。子供は、二世帯住宅に住むことで、幼いころからモノを大切にする知恵を学ぶことができます。

図表5 3つの大切な財産

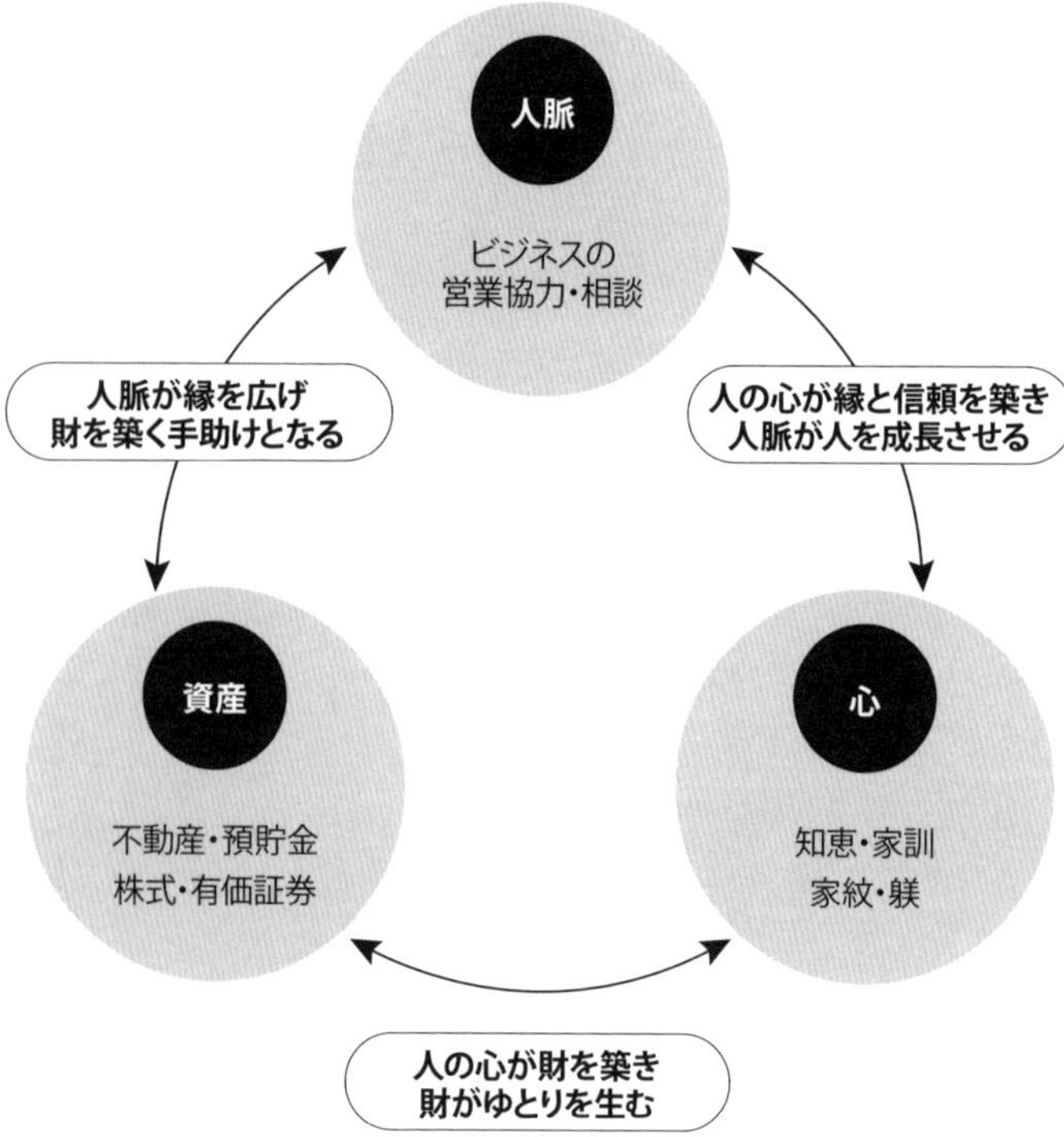

◆家紋を相続する

大勢の家族と暮らすことが当たり前だった時代は、一家に必ず仏壇がありました。朝夕には、ろうそくを灯し、お線香をあげ、お水やご飯などをお供えし、先祖を祀っていました。しかし、核家族が進んでから、そのような習慣も薄れ、最近の子供は先祖の宗教や家紋を知らないことが少なくありません。

せっかく親と一緒に住むのであれば、祖先の宗教や家紋を通じて、家族のルーツについて調べてみてはいかがでしょうか？

祖先に感謝し、命の大切さを知り、家族を敬う心を養うことができます。

このように、財産は、「お金」だけでなく、「人脈」と「心」の財産があります。

人脈や心の財産の承継には、相続税はかかりませんので、引き継いで損はない相続財産です。

6

家族で支え合う安心できる親子協働住宅

point

家族みんなの同意を得て作った二世帯住宅は、ほど良い距離を保ちながら、建物に少し工夫を凝らすことで、住み心地のいい空間となる。

独立性を保つ

二世帯住宅は同じ屋根の下で生活しますので、お互いに気を遣いすぎたり、善意があだとなったりすることもあります。また、何気ない一言を誤解され、気まずい雰囲気となることなど日常生活で起こります。特に完全共有型や一部共有型の場合は、些細なことでトラブルになりかねません。

ちょっとしたトラブルのときに少しの間だけでも、お互いの声や生活音が感じられない、距離が取れる空間があると心が落ち着き、自身が反省することも相手を許すこともできます。

一般的には夫婦の寝室がその役目を果たしているのですが、壁一枚で寝室同士が隣に位置したり、親世帯の寝室の上に子世帯の寝室があった場合などは、声や生活音がダイレクトに聞こえ、落ち着くどころか苛立ちが募ってしまうケースもあります。

このようなケースは間取りの工夫や材料の選び方で緩和することができます。

①寝室が隣り合うときは、間に収納を設ける工夫
②上下階の場合は、防音と防振の対策ができる材料を選ぶ

もし建物に余裕がある場合は、部屋の配置の工夫で、お互いの独立性を保つことができます。

お互いの気配を感じながら生活する

一方、お互いの居住空間が独立しすぎて、同じ屋根の下に住んでいながら、両親がいるのかいないのかもわからない状況も問題です。

高齢になっても、元気に社会とのかかわりを持つことは素晴らしいことです。しかし、どこへ出かけていつ帰ってくるか、最低限のコミュニケーションは必要です。

独立している二世帯住宅も、両親が揃っている間はまだいいかもしれません。しかし、片親になってしまったとき、「急な病気やけがで人を呼ぶこともできなく、救急車を呼んでもらいたくても気がつかれず、子世帯が、気がついたときには死亡していた」では、二世帯住宅にして生活する意味がありません。

遠くに離れていても朝晩電話をしてくれる子供のほうが、親の生活の変化がすぐわかり、対応が早いかもしれません。

同居する子世帯が親の異変に気がつかず、別居している子世帯が先に気がついた。そんなことがあったら、せっかく家族みんなが相続についてまでも同意して、応援してくれた二世帯住宅の生活は、一転し後悔と争いの悲しい結末を迎えてしまいます。

そうならないために、独立性が強い親世帯と子世帯の場合は、お互いの居住空間の間に中庭や吹き抜けなどのタテの空間を設けるなどの工夫で、お互いに干渉せずに、安心の気配を感じながら住むことができるでしょう。

二世帯住宅は、自立した二世帯が住む家です。

干渉しすぎず、無関心にならず、お互いが自立したほど良い距離感を保つ心構えと、少しの空間工夫と建築材料の選択が大切です。

7

二世帯住宅と庭先別棟住宅のメリットとデメリット

point

親の土地を利用して住まいを建てる方法は、1棟の二世帯住宅の建て替え以外に、増築や庭先別棟住宅がある。選択の判断は、増築は構造が、別棟は道路が鍵を握る。

1棟の二世帯住宅以外の方法

親の土地を利用して住まいを建てる方法は、二世帯住宅だけでなく、①「増築する」と②「庭先に別棟住宅を建てる」の2つが挙げられます。

離れとしての増築や、別棟住宅を建てる場合の主なメリットは、次の3つが挙げられます。

- プライバシーの確保ができる

● 両親が住んでいる家を壊す費用がかからない
● 両親が引っ越しする必要がない

離れや別棟は独立性もあり経済的ですが、建築できない場合や、かえって費用がかかる場合があるので、事前の調査が必要です

◆増築は構造が鍵を握る

現在の建築基準法では、既存の建物にもう一世帯分の増築をすることはとても難しいです。増築する部分も、既存部分も、現行法規の建物基準に一致させる必要がある、かなりハードルの高い基準です。

増築部分の面積が、既存建物の2分の1以下で、エクスパンション・ジョイントなどで接続する場合は緩和があります。しかし、この緩和も厳しく、既存建物の建築確認申請書と検査済証が必要となります。検査済証がない場合は、現状検査や工事中の写真などを求められます。これは、既存建物が確認申請書と同じように建てられているのかを、確認するためです。

更に、現行法規で既存建物と増築部分の建物を合わせた耐力壁の計算を行い、不足している場合は補強する必要があります。

増築の面積が、既存建物の2分の1以上の建物になってしまう場合は、既存建物も現行法規

の建築基準をクリアする必要があります。

特に、以前の建築基準法では、基礎の基準などがなかったため、古い建物であれば基礎を作り直すことになってしまいます。

基礎を作り直すことは、大がかりな改修工事となってしまいます。増築部分の建築費用の他に、改修費用がかかってしまいますので、現実的ではありません。

◆別棟は道路が鍵を握る

一方、別棟で住宅を建築する場合は、現行法規に合わせ、既存建物を再建築した場合に必要な敷地面積を確保し、それ以外の敷地で現行法規に合わせ、新築住宅を建築します。

建築基準法では接道義務があります。既存建物の庭先がどんなに広く余っていても、接道の条件が整っていないと、別棟で建築することができません。

二世帯住宅と別棟住宅の違い

二世帯住宅はひとつの敷地に対して、二世帯が住む一棟の家となります。別棟住宅は、ひとつの敷地を既存建物と別棟住宅に分け、別棟に親世帯もしくは、子世帯が住む二棟のそれぞれ独立した家となります。

つまり別棟住宅の場合は、親世帯・子世帯が独立した建物となりますので、生活の事情が変わった場合など、単独でどちらかを売却することが可能です。

一方、二世帯住宅の場合、完全分離型であれば建物の一部を分譲マンションのように区分所有で売却することは可能ですが、現実的には難しく、一棟丸ごと売却する場合は、収益物件として、購入者の採算が合えば売却できる可能性があります。更に、一部を賃貸住宅として収益を得ることも可能です。

一部共有型の場合は、流通市場が狭いため、売却しづらく時間がかかったり、売却できたとしても評価が低くなります。

完全共有型の場合は、一般に流通する中古住宅は、地域によって広さや間取りに差異がありますが、同程度の条件であれば一般流通で売却が可能です。しかし、二世帯分の部屋を確保するために、部屋数が必要以上に多い場合や、部屋数を増やすために小さな部屋ばかりの間取りになってしまうと流通市場が狭くなり売却は難しくなります。

二世帯住宅を建築する場合には、家族との相続問題や、生活事情が変わった場合の対策まで考慮する必要がありますが、お金では買えない多くのメリットもあります。

長期的に見て、家族みんなが幸せに住むことのできる家づくりを目指してください。

第1章

相続対策は最重要ポイント

8
家族で争わないための相続対策を話し合う

point

相続対策は、親の土地を利用して住まいを建てる人の自己防衛策であり、お金では買えない、かけがえのない大切な財産を守るためのもの。

兄弟姉妹間の不平等

親の土地を利用して住まいを建てることは、同じ兄弟姉妹の間で、さまざまな不平等が生まれてしまいます。

①相続財産として大きな割合を持つ土地を1人の子供が専有

②両親の介護負担の偏り

③「祭祀財産（お墓など）」の承継
④親族との付き合いによる継続的支出

これらの不平等は、「経済的問題」「精神的負担」が絡み合い、一度トラブルが起こると、なかなか修復が困難になります。

どんなに相続財産があっても、もめ事をきっかけに、兄弟姉妹が疎遠になってしまえば、お金では買うことができない、大切な家族の絆を失うことになってしまいます。

家族で争わないためにも、相続対策の話し合いが必要になります。

話し合いは自己防衛

親の土地を利用して住まいを建てることと相続対策は一見まったく関係ないように思え、ご両親や他の兄弟姉妹へ、どうやって話を切り出したらいいのか悩んだり、反対されたらどうしようと、事を先延ばしにしたくなる気持ちも湧いてくると思います。

「両親が心配だから、二世帯住宅を建てて一緒に住むよ」とだけ話せばわかってくれるはずと思うこともあるでしょう。実際、他の兄弟姉妹も両親の老後は心配ですから、賛成はするでしょう。

しかし、相続が起こると「二世帯住宅を建てることには賛成したが、土地を1人で相続していいなんて話はしていない」と言われかねません。

また意を決して話しても、ご両親から「うちはそんな財産がないから、相続対策なんて必要ないだろう。私が死んでから仲良く譲り合って分ければいい」と言われるかもしれません。

仲が良い普通の家庭でも、相続が起こるとさまざまなトラブルが生じてしまいます。もちろん、すべての家族が争うとは限りませんし、身近で聞いたことがないと思うかもしれません。相続で争うことは、家庭の恥として「うちは相続で争っています」などという人はいないので表面化していないだけで、最終的に和解する場合も含め、現実的には大なり小なりの問題は生じています。

理由は、序章でも記しましたが、財産には現金や預貯金など平等に分けることができる財産ばかりではなく、不動産など平等に分けにくい財産があるからです。

更に両親の老後の面倒や、介護の負担が1人の相続人に偏りが出たり、生前贈与など受けている相続人がいると、法定相続分の通りに分割することができなくなるからです。

いったん相続で争いを起こしてしまうと、どんなに苦労して親の介護をしても「あら、お母さんは生前、義姉さんからご飯もろくに食べさせてもらえなかったって言っていたわ」「土地を買わずに家を建てたこと自体が不公平なのだから、土地の評価分をお金で払っても罰が当たらないだろう」と、心に思ってもいないことも会話に出て、更に争いが大きくなり、報われない結果になってしまいます。

最悪のケースでは、まだ住宅ローンも残っている二世帯住宅を壊して土地を売却し、兄弟と遺産分割を行い、自分の手元には遺産では返しきれないローンの残債が残るだけ……。ということもあり得るのです。

家族と話し合い、相続で争わないために対策を立てることは、親の土地を利用して住まいを建てる人にとっての、自己防衛でもあるのです。

争わないための対策は、すべての人に共通する

相続対策には、心の対策として「争わないための対策」、お金の対策として「納税の対策」「節税の対策」の3つがあります。

「うちはそんな財産がないから相続対策なんて……」と感じる人は多いと思いますが、「財産がないから……」はお金の対策です。

ここで言う相続対策とは、両親が老後の不安なく、元気で幸せに過ごしてもらうために、何を誰が行うのかを中心に、家族が変わりなくいつまでもお互いを思いやり、愛情をもち、友好な関係を続けられるようにする「争わないための対策」で、親・兄弟姉妹・配偶者・子供がいる人すべてに共通する対策です。

親の土地を利用して住まいを建てる人の「争わないための対策」には、家族で話し合わなければなりません。その内容は次の3つがポイントです。

①方向性を確認し合う
②財産の把握をする
③全員で対策を立てる

◆家族で話し合う

まず最初に、配偶者（夫もしくは妻）に話しましょう。次に、両親と兄弟姉妹です。忘れてはいけないのが一緒に住まない配偶者の両親です。

ご自身が二世帯住宅で両親と生活したい気持ちを含め、将来の介護やお墓の承継についてそれぞれの役割分担について話し合います。

次に、「相続財産の把握」をし、両親の希望を聞きながら、兄弟姉妹が不公平にならないように「全員で対策」を立てます。

図表1-1　家族で話し合う、争わないための対策

1 方向性を確認し合う

誰と
- 配偶者
- 両親
- 兄弟姉妹
- 同居しない配偶者の親

何を
- 両親と住みたい気持ち
- 介護の分担
- お墓の承継

↓

お互いに理解し合う

↓

2 財産の把握を行う

- 不動産（土地・建物）
- 預貯金
- 金融資産
- 株式等
- 保険

↓

3 対策を立てる

- 親の世話と介護の方法
- 兄弟姉妹への平等について

9 夫婦で話し合い、方向性を決める

point

本当に二世帯住宅の生活が適しているのかを夫婦で話し合う。夫婦と話し合わずに、先に親と約束するのは厳禁。

夫婦で話し合う3つの事柄

大げさな表現ですが、二世帯住宅は、配偶者にとって敵陣に乗り込むようなものです。たとえ同居する親と上手くいっても、兄弟姉妹からの目も気にしなければなりません。

スタートは、本当に二世帯住宅で住むことが良いのか、仕事場まで通勤できる距離なのかを話し合うことです。覚悟ができた段階で、夫婦のライフプランや家族とのかかわり方を考えていきます。話し合うことは次の3つです

①心
②お金
③教育

❶心

二世帯住宅に住むことが決まったら、まず夫婦が将来について夢や希望を話し合いましょう。たとえば、夫が将来独立したい夢があれば、資本金をいくら貯めるのか「お金」の目標ができます。

また、妻が仕事に復活したければ、子供を両親に預けた場合に、どのようなことを教えてほしいのか、子供の「教育」についての検討材料が挙げられます。

同居しない配偶者の親への対応は忘れてはいけません。親にとって子供はいつまでも自分の子供なので、心のどこかで相手の親に「子供をとられた」と感じることがあります、必ず配慮を忘れないでください。

❷お金

資金計画は、同居する親との生活形態にもより変わりますが、収入から必要な経費を差し引いて、「足りないから親とは完全共有型にする」という考え方ではなく、夢や希望に向けて、どんな生活をしたいのか、ライフプランから計画することをお奨めします。

更に、住宅ローンを組む場合は、将来を見据えた資金計画が不可欠です。もし万が一同居生活に失敗しても対応できる資金計画がベストです。

貯蓄は、短期・中期・長期の3つに分けて考えましょう。長期には自分たちの老後資金も忘れずに組み込みましょう。

❸ 教育

同居の両親に子供を預ける場合は、自分たちの教育方針をはっきり伝えておいた方が後々トラブルになりません。

たとえば、両親（祖父母）は孫がかわいく好かれたいために、甘やかし、なんでも言われたものを買い与えてしまうかもしれません。一方、親は物のありがたみや大切にする気持ちを持たせたいからプレゼントはお誕生日だけにしたいと考えても、親の教育方針に反し、祖父母の孫に対する思いの食い違いは少なくありません。

普段面倒をみているのは両親です。「私が面倒をみてあげているのに」と言われかねません。些細なことですが、積み重なると孫をめぐっての対立となりますので、初めに夫婦で話し合い、同居する両親にも理解してもらいましょう。

図表1-2　夫婦で話し合うポイント

	項目	ポイント
心	□ 夫婦の将来の夢や希望（ライフプラン）	●どんな生活をしたいのか。 ●どんな生き方をしたいのか。 ●二世帯住宅は将来の夢を叶える助けとなるのか。など
心	□ 同居の親と配偶者の関係	●仲良くやっていけるのか。 ●介護が必要になった場合の対策案。 ●譲れることと譲れないこと。など
心	□ 同居しない配偶者の親への対応	●親の生活状況。 ●もしもの時の対策案。 ●快く了承してもらうための対策。
お金	□ 生活費	●基本生活費　●その他の生活費 ●継続的に発生する費用
お金	□ 教育費	●子供の進路（私立・公立、大学・専門学校）と教育費（学校・習い事など） ●自身のスキルアップ費
お金	□ 貯蓄	●将来に見込まれる費用のリストを作る ●老後の貯蓄も忘れない。
お金	□ 住宅ローン	●自己資金とローンの返済額検討
お金	□ 保険	●各種保険の見直し
教育	□ 建築地周辺の教育機関	●通学予定の学校までの経路や距離。 ●学校の教育方針 ●子供の遊び場 ●治安など
教育	□ 建築地と環境	●自然環境と生活環境
教育	□ 両親に臨む子供の世話	●子供の面倒 ●躾と教育

10

家族みんなが現状を把握し、意見交換をすることは、祝福される二世帯住宅の第一歩

point

争いの種を作らないために、家族の現状生活と親の希望を話し合う。

リーダーシップをとる

ひとつ屋根の下で大家族が生活していた時代は、親の考え方や気持ちが自然と話し合われていました。また、長男も引き継ぐものとして、リーダーシップをとっていたでしょう。

現在のように核家族化が進むと、親の考えや兄弟姉妹の生活状況など話し合うことも少なくなり、お互いの気持ちがつかみにくくなっています。

更に、兄弟姉妹みんな「平等」のもとに、リーダー不在となっていることも多いようです。

親の土地を利用して住まいを建てる決意をしたら、協力者を作りながら、あなた自身がリーダーとなって話を進めることがベストです。

話し合うきっかけは、お正月、GW、お彼岸やお盆のとき、両親のお誕生日など、みんなに集まってもらい、思い出のアルバムなどを見ながら、楽しい思い出話から和やかに始めることもひとつの手段です。

兄弟姉妹の現状生活を把握

いくら兄弟とは言え、それぞれに家族を持ち暮らし始めてしまうと、金銭関係の話は簡単にいかないかもしれません。しかし、仕事の状況や子供の成長、学校のことなどをお互いに話し合いながら、生活の状況を確認できればいいでしょう。

妹がマンションを購入しようと計画しているかもしれません。

弟も、両親を心配して一緒に生活することを考えているかもしれません。

姉が離婚して、親元に帰りたいと思っているかもしれません。

兄は、海外に転勤し、親の面倒は見ることができないというかもしれません。

また、リストラの不安に苦しむ兄弟がいたとしたら、経済的メリットのある親との同居を望んでいるかもしれません。

兄弟姉妹の生活状況や気持ちを聞かずに、親とだけ二世帯住宅の話を進めてしまったら、気持ちよく受け入れられるでしょうか？

「幼いころに育った思い出の住まいが、壊されてしまう」「自分だって両親のことを心配しているのに……」と、心のどこかに不満ができ、妹からは「お兄ちゃんばかりずるい」、弟からは「僕も両親と一緒に住もうと思っていたけれど、兄貴がそう言うなら、介護も頼むよ」と、争いの種が生まれてしまいます。

家族の生活状況を理解し合い、自身が二世帯住宅で生活することで、親の希望に、どのようにして対応していくのかを伝えながら、兄弟姉妹との役割分担も一緒に話し合い、トラブルや、相続が起きたときに平等の権利だけを主張して義務を果たそうとしないことを防ぎます。

親の考えや希望を最優先にする

兄弟姉妹、それぞれの生活環境の中で思惑はあるでしょう。しかし、一番大切なことは、親の考えや将来の希望を優先してあげることです。そのために次の6つを親に確認しましょう。

①どんな生活をしたいのか
②誰と暮らしたいのか

図表1-3　今の生活環境を知る

	項目	ポイント
はじめに	□ 家族の思い出話	●幼いころのアルバムを見ながら、思い出話から始めることも良いでしょう
	□ 自分の考えを伝える	●親への思い・兄弟への思い ●現在の生活状況を含めた、二世帯住宅へ至る話し
両親	□ 二世帯住宅への希望	●両親が二世帯住宅を希望しているのか ●二世帯住宅で希望する生活スタイル ●子世帯とのかかわり方
	□ 現在の生活状況	●趣味や暮らし方、生活費について ●生きがいや楽しいこと ●困っていること、不便なこと
	□ 将来心配なことや希望	●病気や介護について ●年金を含む生活費 ●子供への将来の希望 ●臨む生き方
兄弟姉妹	□ 両親に対する思い	●両親の面倒や介護について、協力できる範囲
	□ 現在の生活状況	●結婚　●出産　●住まい　●仕事
	□ 将来の希望	●仕事への希望（独立したいなど）
	□ 子供の将来について	●子供の教育方針や学校について

③誰に介護をしてもらいたいのか
④誰に墓守を頼みたいのか
⑤１人ひとりの子供に対する将来の希望や想い
⑥収入と支出、不動産などを含めた財産管理

親の住む家の状態や生活状況、病気や介護への希望や不安を、子供として何をどこまでできるか、すぐに決まらないかもしれません。親も普段の生活で「将来」のことを常に考えていなければ、すぐに何をどのように決めたら良いのか、わからないかもしれません。

しかし、家族みんなが現状を把握し、意見交換をすることは、祝福される二世帯住宅の第一歩です。少し時間をかけてでも、話し合いましょう。

11

二世帯住宅に住む心構え①
親の介護を覚悟する

point

事前に、両親の希望する介護の在り方について話し合う。

高齢者の要介護者等の数は、ここ数年急速に増加し、特に後期高齢者で割合が高くなっています。介護保険制度における要介護者等のうち、65歳以上は、平成一八（２００６）年度末で４２５・１万人、平成一三（２００１）年度末から１３７・４万人増加し、高齢者人口の16・０％を占めています。

この介護を負担しているのは、「平成二〇年高齢社会白書」によると、約3分の2が同居している者が主な介護者となっています。また、同居者の中でも、妻が16・5％、息子の妻が19・9％、娘が11・2％などで、女性が49・5％と主な介護者となっています。

図表1-4　主な介護者の続柄および同別居の状況

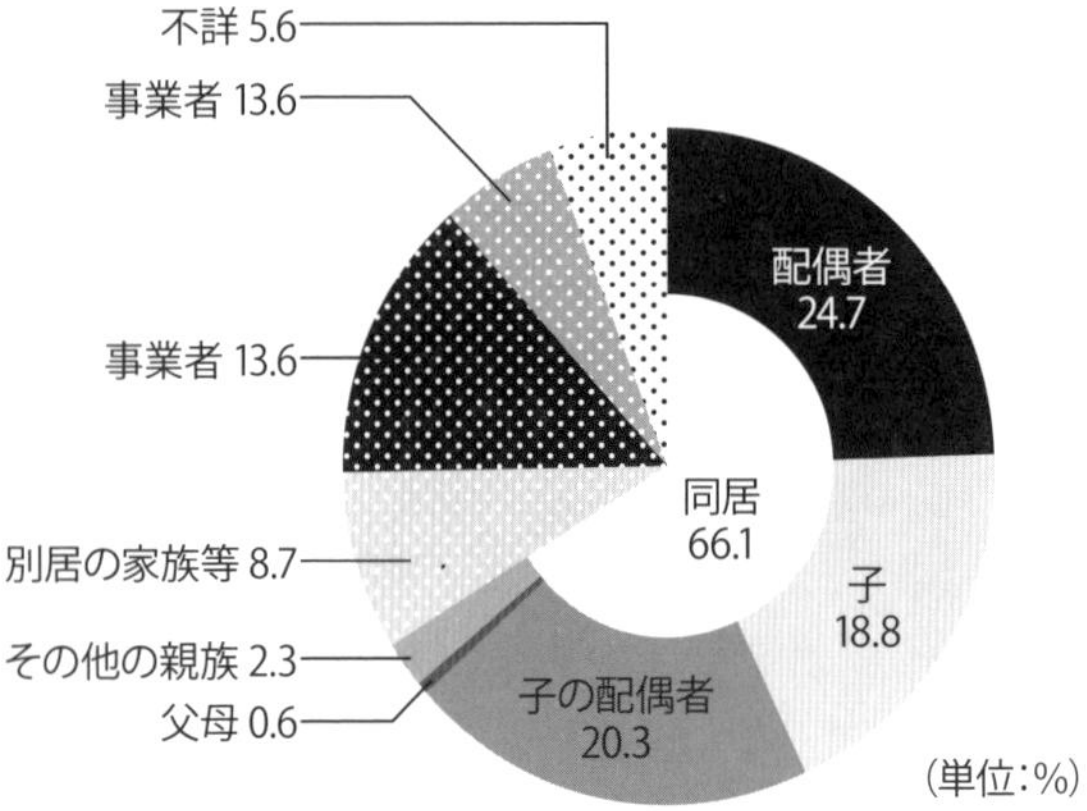

同居の家族等介護者の男女別内訳

配偶者	男(夫)	8.2	女(妻)	16.5
子	男(息子)	7.6	女(娘)	11.2
子の配偶者	男(娘の夫)	0.4	女(息子の妻)	19.9
その他の親族	男	0.4	女	1.9
合計	男	16.6	女	49.5

資料:厚生労働省「国民生活基礎調査」(平成16年)

二世帯住宅で協働生活を送るということは、親は多少介護までの期待を持って誰と住みたいのかを希望するでしょう。

介護保険で、訪問介護や通所介護、短期入所生活介護や短期入所療養介護などのサービスを受ける事もできますが、すべてを依存することができるわけではありません。

自宅で介護をする場合は、状態にもよりますが、徘徊の有無・寝たきり・トイレの世話・食事の世話などが必要な状態は、一日中目が離せず付ききりになる可能性もあります。簡単な身の回りのお世話ですめば、日中は外出することもできます。

負担の大小はありますが、自宅での介護は精神的、時間的、金銭的に負担がかかります。成り行きや中途半端な気持ちで同居を始めずに、両親の希望する介護の在り方を話し合い、将来に備えておきましょう。

いずれにしても、介護の覚悟は必要です。

12

二世帯住宅に住む心構え②
永続的な墓守と親族の付き合いを覚悟する

point

「祭祀《さいし》財産（お墓など）」は、一般的に同居する家族が引き継ぐことが多い。

祭祀財産

お墓は「祭祀財産」といい相続財産とは区別され、相続税の対象になりません。

しかし、相続財産の対象とならない分、引き継いだ者は墓守として、以降毎年の管理料や供養、檀家として菩提寺とのお付き合いで寄付やお布施を負担することになります。

更に、法事や法要を含め、親族との冠婚葬祭の付き合いも承継します。このような永続的負担もあり、両親が懇意の親族を把握している、同居する家族が引き継ぐことが多いようです。

お墓は、土地建物などの不動産と違い、所有権ではなく墓地の使用権になります。使用している人が亡くなった場合に、お墓の相続は、法的な特別な手続きはありませんし、原則的にだれが承継してもかまいませんが、お墓がある霊園や寺院などに永代使用権の承継があったことを届け出る必要があります。

同居と祭祀は別に考えることもできる

最近の二世帯住宅事情は、娘家族との同居も多くなっています。

母親にとって、お嫁さんと一緒に暮らすことを懸念しても、実の娘なら気は楽です。しかし、墓守については息子を希望するケースが多いようです。これは家督相続制度の名残で「長男がお墓を継ぐ」という慣習からでしょう。しかし、少子化が進む中、結婚して改姓した娘が承継することも増えています。承継者が改姓をしている場合や、宗派が変わっている場合などは注意が必要です。特に宗派が変わる場合、寺院などでは受け入れてくれない場合がありますので、事前に調査をしておくことをお勧めいたします。

また、夫側・妻側の双方の墓を承継しなければならないケースもあります。2つのお墓を承継することは、経済的にも負担が多くなります。将来的にお墓をひとつにまとめるなど検討することも必要になります。

13

お金では換算できない「勘定」と「感情」があることを知る

point

平等に分けることができない要因を共通認識し、「金銭勘定」ではなく、「均整感情」で分ける。

お金の均等分割≠円満な分割

民法では、相続する権利のある人（法定相続人）とその財産の割合（法定相続分）が決められています。また、生前に贈与などを受けた人がいる場合は、相続財産に贈与の価額を加えたものを相続財産とみなして分割します（特別受益）。また、生前に事業を手伝ったり、療養看護などで、財産の維持または増加について特別の寄与をした場合には、寄与分というものが認められています。

図表1-5｜法定相続分と相続人の順位

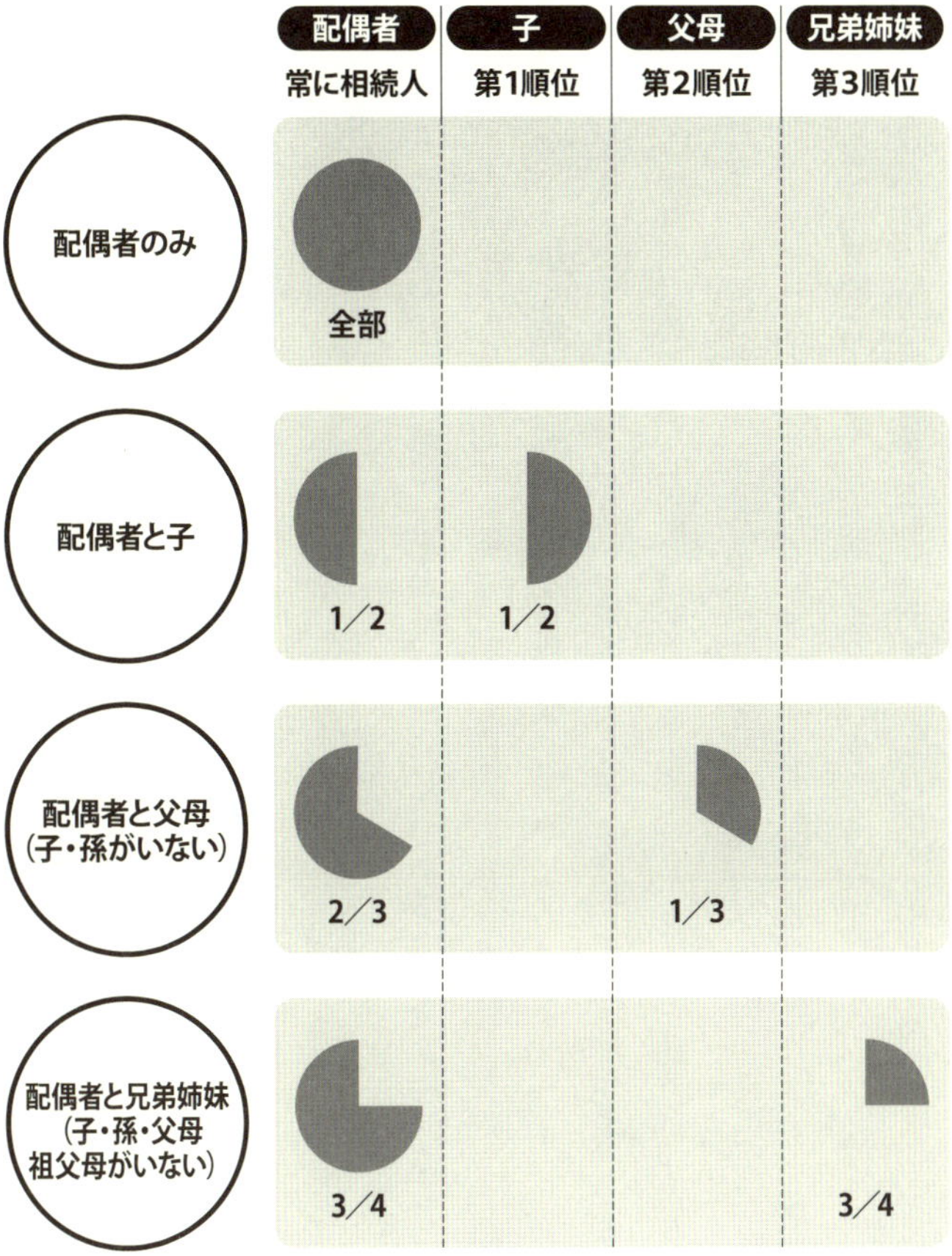

遺産分割の基準については、「遺産の分割は、遺産に属する物又は権利の種類及び性質、各相続人の年齢、職業、心身の状態及び生活の状況その他一切の事情を考慮してこれをする。（民法第９０６条）」となっています。

では、民法で決められたように財産を分割すれば「平等」なのでしょうか？　争いなく円満に分割することができるのでしょうか？

◆親の土地を利用した使用料

親の土地を利用して二世帯住宅を建てる場合は、親の財産である土地を使用することになります。一般的に「使用貸借」という形で、親に土地の使用料を払うことは少ないですが、相続の「平等」において、この土地の使用料はお金に換算できるでしょうか？

親子協働で生活するということは、お互いの気遣いやプライバシー問題、介護、子育てへの方針の違いなど、一世帯だけの気楽な生活とはいきません。一方、家事を助け合ったり、子供を預けて働きに出たり、大勢の楽しい家庭を築くこともできます。

それぞれの事柄を、メリットと感じる人も、デメリットと感じる人もそれぞれですが、「土地の使用料」をお金で換算するとしたら「月いくら」でしょうか？

近隣の借地料金を参考に算出した金額が近い金額なのでしょうか？

波乱万丈とはいえなくとも、そこには家族のドラマがあり、１人ひとりの思いや感情があり

図表1-6　お金に換算できない家族愛

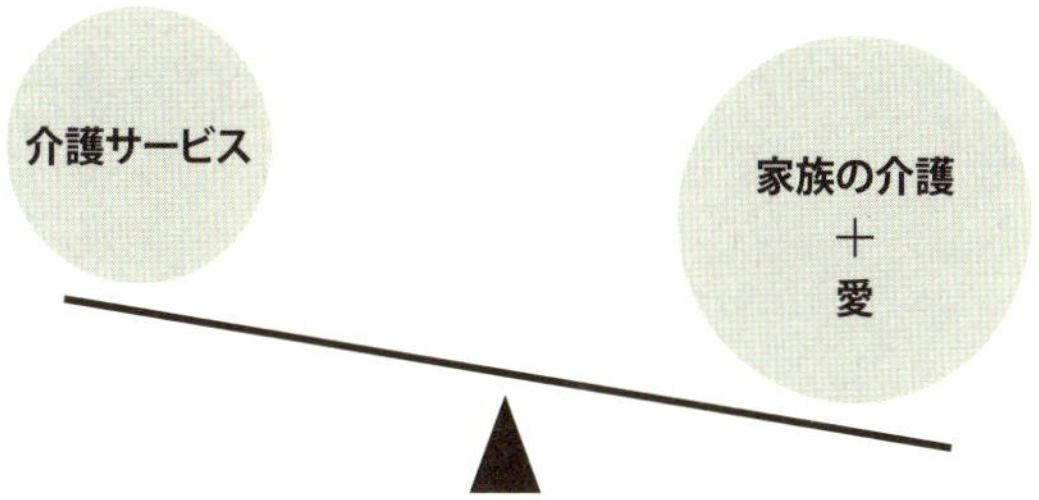

ます。「お金」で換算することは難しいことです。

◆お金に換算できない、介護の勘定と感情

親に介護が必要となった場合には、家族みんなで平等に世話をすることが理想です。しかし、実際は遠方で生活をしていたり、仕事の都合などで「平等」は難しく、同居者が負担することが多くなります。

自宅介護の場合は、自分の時間を拘束され、夜もゆっくり寝ることができないこともあります。精神的・時間的に大きな負担があります。では、この介護の値段は「一日いくら」でしょうか？「寄与分」とはいくらで評価されるのでしょうか？

介護サービスの料金表から照らし合わせ、簡単に費用を算出できるものではありませ

ん。そこには、介護した人の家族愛という感情がないからです。

◆感情で割り切れない勘定

幼いころ「私はお姉ちゃんのお下がりばかり」「妹は大学に行かせてもらったのに、私は行かせてもらえなかった」「弟ばかり怒られない」など、兄弟姉妹の間で比較されたり、差別感を持ち不満に思ったことを少なくとも経験したことがあると思います。

相続になると、「どうしてお兄ちゃんばかり多くの財産をもらうの？」と感情的に割り切れない思いがトラブルの原因になることがあります。

相続における平等について、人それぞれ考え方があると思います。大切なことは、単純に「金銭勘定」で財産を分けるのではなく、家族の人生や歴史が詰まった財産を「均整感情」で分けることではないでしょうか。

14 争わないために、相続財産の把握をする

point

相続対策の第一順位は、家族円満。

財産を把握する

二世帯住宅における争わない対策は、人の持つ「感情」への対策と、財産の「勘定」の相続対策です。「勘定」の相続対策は、相続財産の把握から始めます。全体を把握し、分析し、最終ゴールを目指します。

【主なプラスの財産】
土地、建物、預貯金、有価証券、生命保険、その他の財産
【主なマイナスの財産】
借入金、税金の未払など

特に不動産（土地）の把握には、次の4つを考慮して、建物を建てられる大きさの判断を行います。

①土地の面積や形状
②接道条件
③分割が可能かの判断
④都市計画や建築基準法

また、土地の利用価値などの「利用する視点」と「環境の視点」からの把握も大切です。

財産の合計が「どれくらいあるのか」、また「相続税はかかるのか」を把握し、「誰が承継するのか」を決めます。

相続税がかかるようでしたら、「節税対策」「納税対策」を行います。

◆土地が複数ある場合

もし、財産が山奥のクマが出る手入れされていない広大な土地と、都心で最寄駅から徒歩5分ほどの土地50坪の2つがあり、双方とも同じ金額だった場合に、どちらを相続したいと思いますか？

動物を観察しながら、自給自足で生活したい人は、前者を選ぶかもしれませんが、利用価値を考えると、一般的に後者を選択すると思います。

このように土地は、同じ価格でも条件が変われば、それぞれの人の価値観により評価も変わります。隣同士の敷地でも、方位や形状、地盤強度、隣接地環境などでまったく同じと言えるものはありません。

複数の土地がある場合は、それぞれを色分けしてみましょう

- 青色：収益を生む土地
- 黄色：自宅などの生活用の土地
- 赤色：収益を生まず、経費だけがかかる土地

赤色は早めに処分するなど対策を立てます。青色は収支効率のよい活用方法を見つけます。黄色はより良い住環境を目指します。

色分けすることで、土地の性質がはっきりするので、売却してお金で分ける土地、そのまま引き継ぐ土地など、対策が立てやすくなり、バランスの良い分割もしやすくなります。

◆土地が自宅だけの場合

親の土地を利用して住まいを建てるときは、全相続財産を他の兄弟姉妹とどのようにして分けるのか、全体の相続財産と親との協働生活のバランスを見ながら話し合いましょう。

チェックする事項は、次の3つです。

①平等に分割してそれぞれが利用できる土地か
②1人が相続し代償を払うのか
③みんなで売却し現金分割するのか

特に都心部では、②の「1人が相続し代償を払う」場合が多くなると思います。この場合、不動産の代償として生命保険を活用することもできます。

分割方法については、一次相続だけでなく、二次相続も考慮します。

また、相続後の相続人の生活などの状況や、所有財産の状況などを総合的に考慮して、長期的な判断に基づき争わない対策が必要となります。

図表1-7 自宅の分割方法

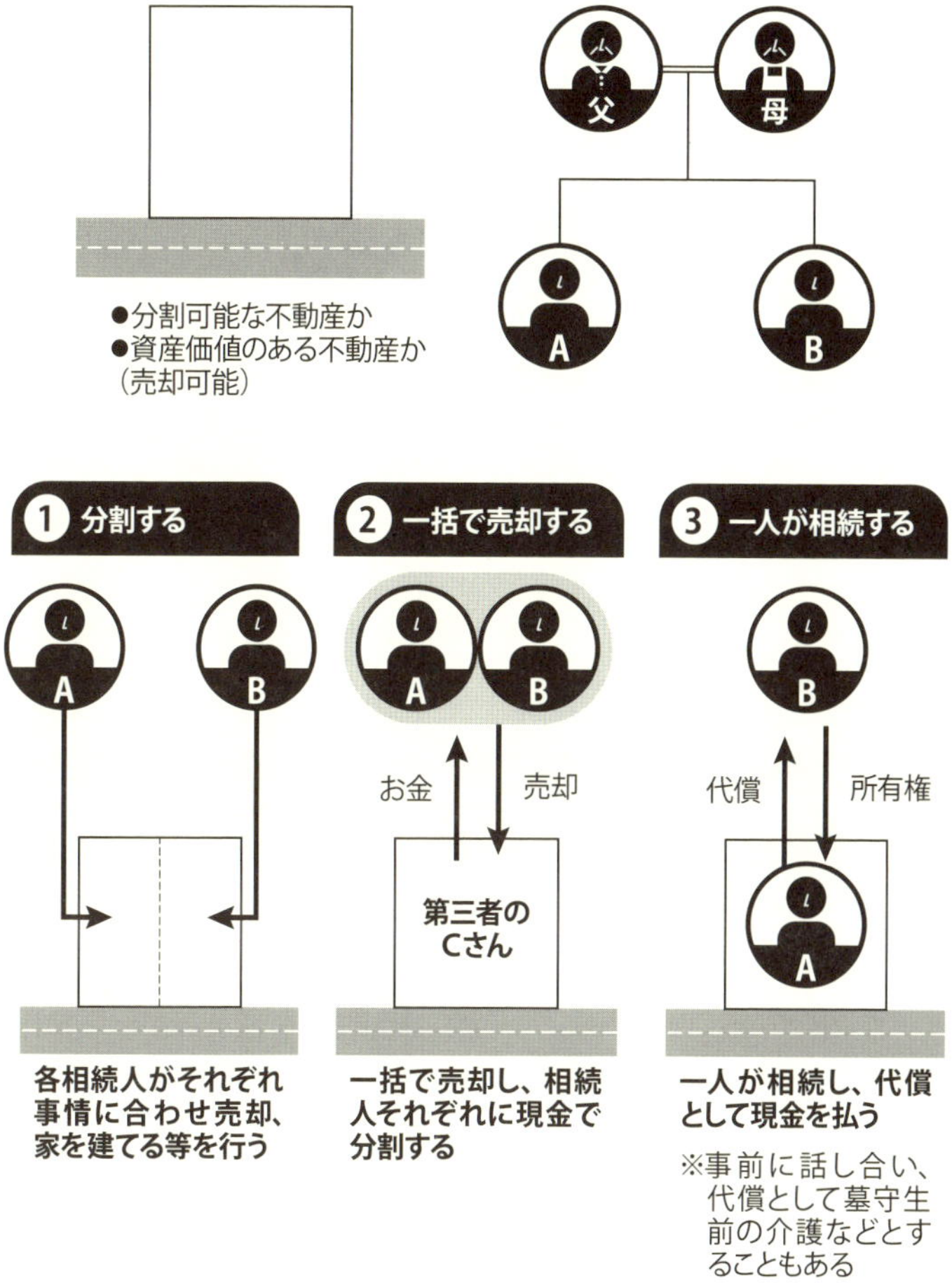
父
母
A
B
●分割可能な不動産か
●資産価値のある不動産か
（売却可能）
1 分割する
A
B
各相続人がそれぞれ事情に合わせ売却、家を建てる等を行う
2 一括で売却する
A
B
お金
売却
第三者のCさん
一括で売却し、相続人それぞれに現金で分割する
3 一人が相続する
B
代償
所有権
A
一人が相続し、代償として現金を払う
※事前に話し合い、代償として墓守生前の介護などとすることもある

図表1-8 二次相続まで考慮する

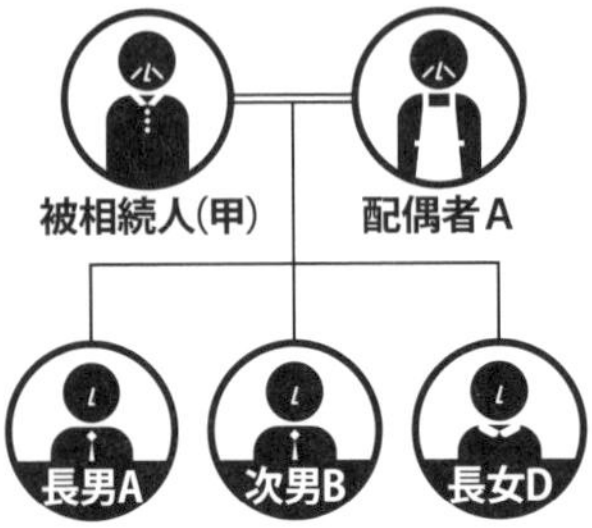

【一次相続】

被相続人の遺産	相続税評価額
自宅及びその敷地	5,000万円
預貯金	2,000万円
有価証券	1,000万円
生命保険 （非課税額控除後）	1,500万円
借金	△700万円
合計（課税価格）	8,800万円

基礎控除の計算式

5,000万円 ＋ 1,000万円×法定相続人の数4名

＝ 9,000万円

基礎控除 9,000万円 ＞ 相続税評価額 8,800万円

※相続税はかからない

一次相続は、配偶者がすべてを相続する

【二次相続（配偶者）】

被相続人の遺産	相続税評価額
自宅及びその敷地	5,000万円
預貯金	2,000万円
有価証券	500万円
生命保険 （非課税額控除後）	1,500万円
合計（課税価格）	9,000万円

基礎控除の計算式

5,000万円 ＋ 1,000万円×法定相続人の数3名

＝ 8,000万円

基礎控除 8,000万円 ＞ 相続税評価額 9,000万円

※相続税がかかる

一次相続の時は、相続税がかからないので、
子供にも相続させれば二次相続で相続税は発生しなかった

誰に相談するのか

相続財産のすべてが預貯金でしたら、どの税理士に相談しても同じ相続税の金額になりますし、平等に分割することも可能です。しかし、不動産が多い場合、不動産評価や活用、土地分割の方法により、納税対策も相続税も変わりますし、平等に分割されない場合もあります。

信頼できる、相続税に強く、不動産の知識と建築基準法がわかる専門家に事前に相談し、早期に相続財産を把握して、家族が円満となる対策を立ててください。

15 土地名義が亡くなっている祖先の場合は、住宅ローンを組むことができない

point

住宅ローンを組む場合には、土地名義人から担保提供者としての承諾が必要となる。

財産把握は、不動産の登記名義も確認する

「なぜ名義の確認がいるのだろう？」「ずっと住んでいるのだから親の名義のはず」と思うかもしれませんが、次のような事情も考えられますので、念のため確認しましょう。

① 相続人の間で遺産分割協議が調わず、そのままにしてしまった
② 土地を使用することに支障がないため、分割協議をしなかった

③分割協議をしても登記をしなかった

◆住宅ローンを組むことができない

親の土地に、子が住宅ローンを借りて住まいを建てるとき、土地にも抵当権が設定されるようになります。これは、土地・建物は別々の登記ですが、融資する金融機関にとって、土地と建物の一体で担保価値を出すからです。理由は、もし万が一のときに、担保物件を処分してローンを回収しようと考えても、建物だけに抵当権を設定した場合は、建物しか処分することができません。そうなると、他人の名義になっている土地に建てられている建物になってしまうので、処分が難しく、担保価値が下がってしまうからです。

親名義の土地に担保を設定する場合は、土地の名義人である親が担保提供者となり、土地・建物に抵当権を設定できればローンを組むことができます。

しかし、土地名義が死亡している人のままでは、住宅ローンを組むことができません。もし、名義が亡くなっている祖先の場合は、名義変更手続きとして、相続登記が必要になります。

◆住宅ローンを利用しない場合でも、名義変更は早いうちに

名義変更の手続きは、先延ばしにして、時間が経つほどに、関係者が増え、複雑になり、人が増えることでトラブルが発生し、更に時間がかかってしまうことになります。

相続登記の手続きは、相続人全員で遺産分割協議を行います。この、遺産分割協議には、相続人全員の合意が必要になります。

図表1－9のように、たとえばAさんが、両親甲夫婦と二世帯住宅を建てることになり、甲の所有する土地の名義を調べたところ、亡くなった祖父の名義だったとします（祖母も死亡）。すぐに名義変更をする場合は、相続人である甲と兄弟姉妹「乙・丙・丁」を含めた4名で遺産分割協議書を作成し、相続登記を行います。

一方、先延ばしにしてAさんが、甲・乙・Eが死亡してから名義変更を行う場合は、代襲相続した相続人たちにも相続登記をするための遺産分割協議の同意が必要となります。

Aさんは、兄弟「B」、従兄の「C」「D」、伯父・叔母の「丙」「丁」、従兄の子供「e1」「e2」の合計7名と遺産分割協議の話し合いをすることになります。

この場合に、従兄の子供などはめったに顔を合わせない者同士になっている可能性が高く、話し合いもスムーズには進みません。

すぐに変更していれば、甲の兄弟姉妹という限定された間柄です。当時のことも知り、話もすぐにまとまる可能性が高いのです。言い換えると、時間が経つほどトラブルになりやすく、相続登記に時間と費用もかかることになります。

土地を売却するときも、亡くなった人の名義では処分することができません。相続登記を行っていない場合は、放置せずに迅速に対応することをお勧めします。

図表1-9　土地の名義変更の関係者

Aさんが両親甲夫婦と二世帯住宅を建て同居を計画
事前に土地を調べてみると土地の持ち主が10年前に亡くなった祖父の名義でした

今すぐ名義変更をする場合

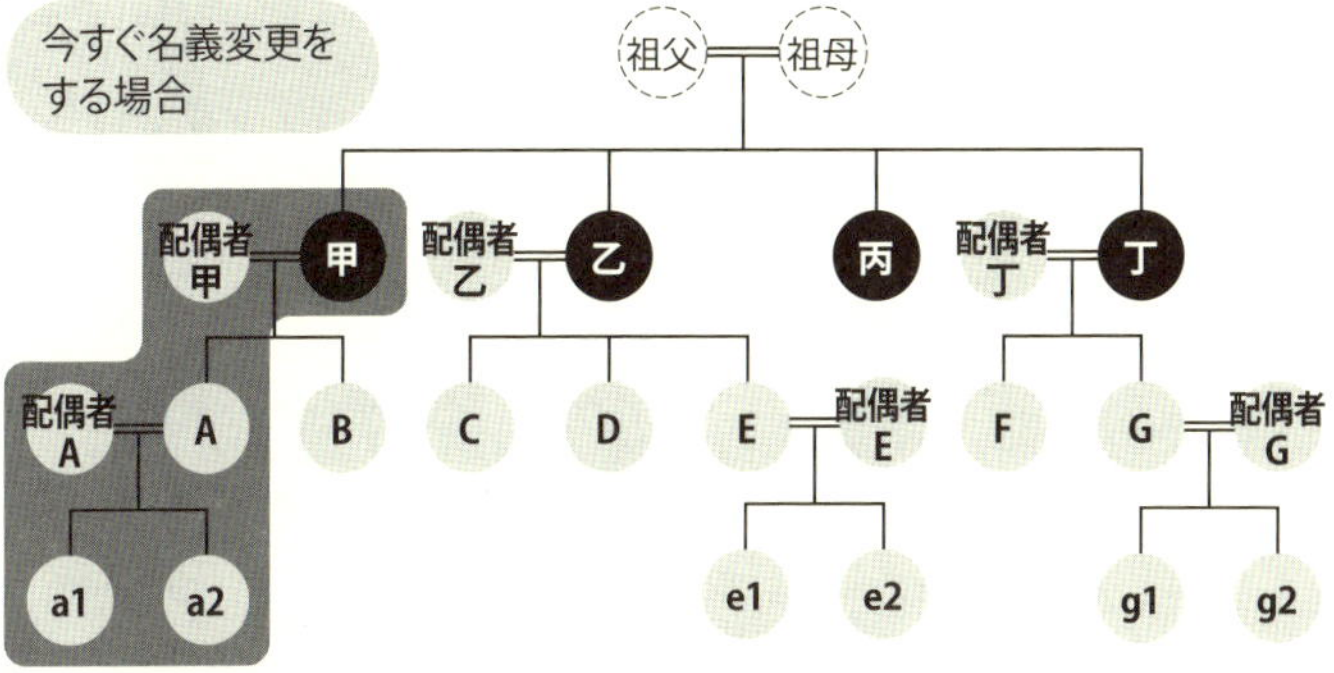

甲・乙・丙・丁4名で遺産分割協議書を作成し、
実印を押印の上、印鑑登録証明書を添付する。

兄弟姉妹の間で手続きをすることが出来る

15年後、甲(父)・乙(伯父)・Eが死亡してから名義変更

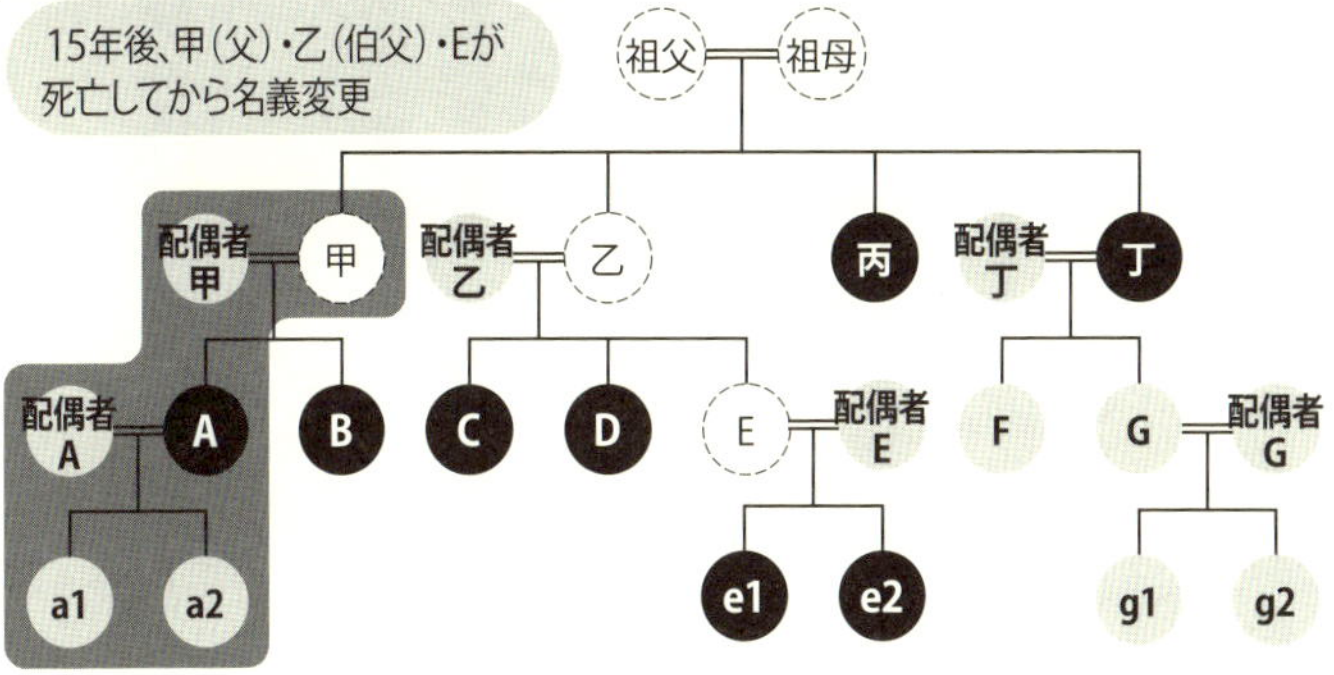

丙・丁・A・B・C・D・e1・e2の8名で遺産分割協議書を作成し、
実印を押印の上、印鑑登録証明書を添付する。

従兄・ハトコとだんだん疎遠な関係になり、遺産分割協議書の同意が難しくなる

16

争わない対策①
兄弟姉妹の間で土地の共有名義は避ける

point

共有名義は、有効活用の妨げになる可能性がある。また時間が経ち相続が起こる度に共有者が変わり、処分もできなくなったり、トラブルを起こす種となる。

二世帯住宅の場合、父親名義の土地に、子供世帯の名義で住まいを建てることはよくあります。

父親が亡くなり、母親が土地の名義を引き継ぐまでは問題はあまり表面化しません。しかし、母親が亡くなったときに、唯一の財産が土地だけで「平等」として兄弟姉妹で共有名義にするケースは争いの種となりますので絶対に避けましょう。

不平等な利用価値

まず土地は、利用して初めて価値があります。

図1-10のように「建物所有者」は長男が、「土地所有者」は長男と次男がそれぞれ2分の1ずつ所有している場合は、長男は自宅の敷地として利用価値がありますが、次男は使うことができない財産となります。

兄弟仲が良く、次男も生活に余裕があるときは良いですが、次男が金銭的に困った場合には、利用価値のない土地を長男に買い取ってほしいと話が出る可能性があります。

そのときに、土地に余裕があれば、分割して一部を次男が売却することができます「現物分割」（a）。また、長男に資金があれば次男の持つ所有権を買い取ることができます「代償分割」（b）。

しかし、土地に余裕がなく、買い取る資金もない場合、「待ってくれ」で済むでしょうか。最悪の場合は、兄弟で争い、土地と建物を売却して次男と分けることになります「代金分割」（c）。

もし、次男が突然亡くなった場合は、次男の土地所有権は、次男の相続人である妻と子供になります。同様に買い取り請求される可能性があります。

図表1-10　2世帯住宅の土地分割

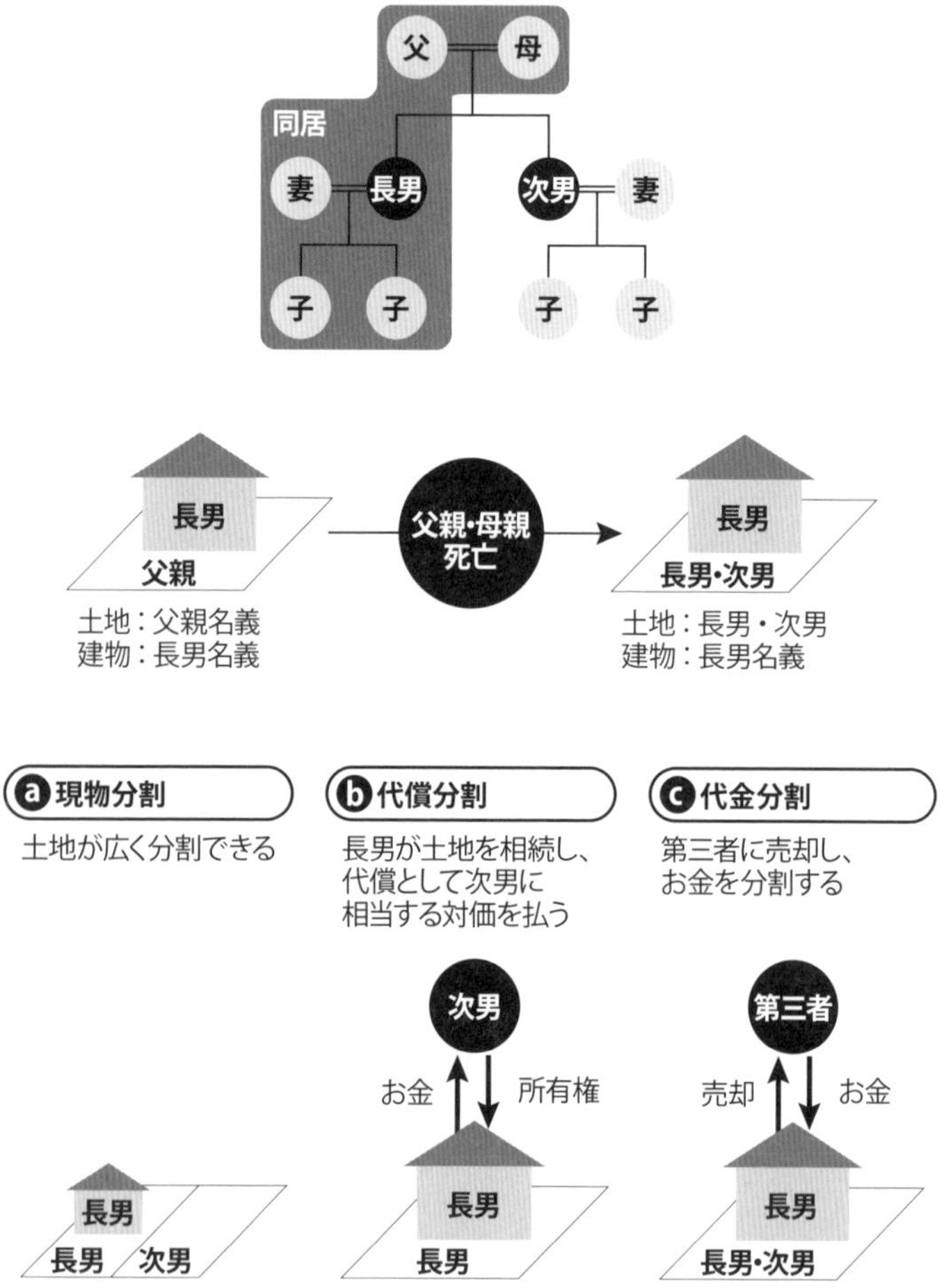

父
母
同居
妻
長男
次男
妻
子
子
子
子
長男
父親
土地：父親名義
建物：長男名義
父親・母親
死亡
長男
長男・次男
土地：長男・次男
建物：長男名義
a 現物分割
土地が広く分割できる
b 代償分割
長男が土地を相続し、
代償として次男に
相当する対価を払う
c 代金分割
第三者に売却し、
お金を分割する
次男
お金
所有権
第三者
売却
お金
長男
長男
次男
長男
長男
長男
長男・次男

将来の相続を考えた親子の共有名義はＯＫ

共有名義でも、二次相続も考え、親と子供の共有名義であれば問題はありません。

図表１－11のパターン１の場合は、相続人３名ですべてを共有持ち分となっています。この場合、母が亡くなったときに、同じように共有持ち分として分割すると、それぞれの土地を２分の１ずつ所有することになります。

しかし、ひとつの土地を誰かに賃貸したり、売却し処分したいとき、共有者すべての合意が必要になります。共有名義登記後から年数が経ち共有者の相続が発生すると、その子供たちがトラブルに巻き込まれることになります。

パターン２の場合は、母が亡くなったときの二次相続も考え、相続人が何を引き継ぐのかを事前に決め、それぞれを母との共有名義にします。

この場合は、二次相続が起きたときも相続人同士では、すでに何を引き継ぐのかが決まっているため、遺産分割協議もスムーズに行われ、争うことはなくなります。

共有名義の不動産がある場合は、次世代に引き継がず、早めに自分の代で解決しましょう。

図表1-11 共有名義のパターン

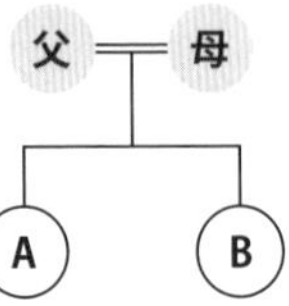

父の死亡に伴い3つの土地を分割

パターン1:すべての土地を相続人みんなで共有で持ち分を持つ

	土地a	土地b	土地c
一次相続	母 ► 1/2 A ► 1/4 B ► 1/4	母 ► 1/2 A ► 1/4 B ► 1/4	母 ► 1/2 A ► 1/4 B ► 1/4
二次相続	A ► 1/2 B ► 1/2	A ► 1/2 B ► 1/2	A ► 1/2 B ► 1/2

パターン2:二次相続に備え土地を母親と共有持ち分にした

	土地a	土地b	土地c
一次相続	母 ► 1/2 B ► 1/2	母 ► 1/2 B ► 1/2	母 ► 1/2 B ► 1/2
二次相続	A	B	売却

売却し現金にする
※納税対策にもなる

17 争わない対策②
生命保険を利用して代償分割の資金を作る

point

親の相続財産が土地だけで代償分割の資金がなくても、事前に計画を立てることで共有名義を避けることができる。

代償分割

代償分割とは、遺産分割にあたって、特定の相続人が相続財産を現物（土地など）で取得する代わりに、他の相続人に対してその差額分を償還債務として負担することです。

代償に充てる財産は、特定の相続人固有の財産なので、特定の相続人がそれなりの金融資産を持っていないと実行できなくなります。

そこで、特定の相続人を受取指定した生命保険を利用します。

たとえば図表1－12のように、相続人Aが相続財産のすべてを承継する代わりに、相続人Bに代償分割金として2000万円を払います。

代償分割を行う場合、代償を払う相続人Aが生命保険を受取り、相続人Aの財産として相続人Bに代償金を支払います。

生命保険の活用

相続における生命保険の活用は、次のメリットが挙げられます。

①法定相続人1人当たり500万円の非課税枠があり、相続税法上優遇されている。
②死亡保険金は現金で支払われるため、納税資金などに充てることができる
③遺産分割の調整に使うことができる（代償分割）

しかし、生命保険の契約の仕方により、受け取った生命保険に贈与税がかかることもありますので、契約内容には注意が必要です。

保険契約の関係者には、「被保険者」「保険契約者」「保険料負担者」「保険料受取人」がいます。

図表1-12　代償分割例

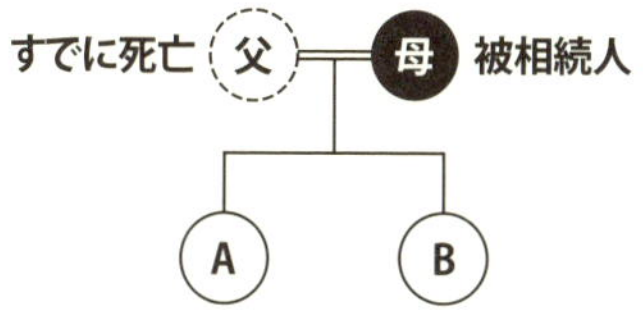

相続財産は、母と相続人Aが住む自宅だけしかない場合

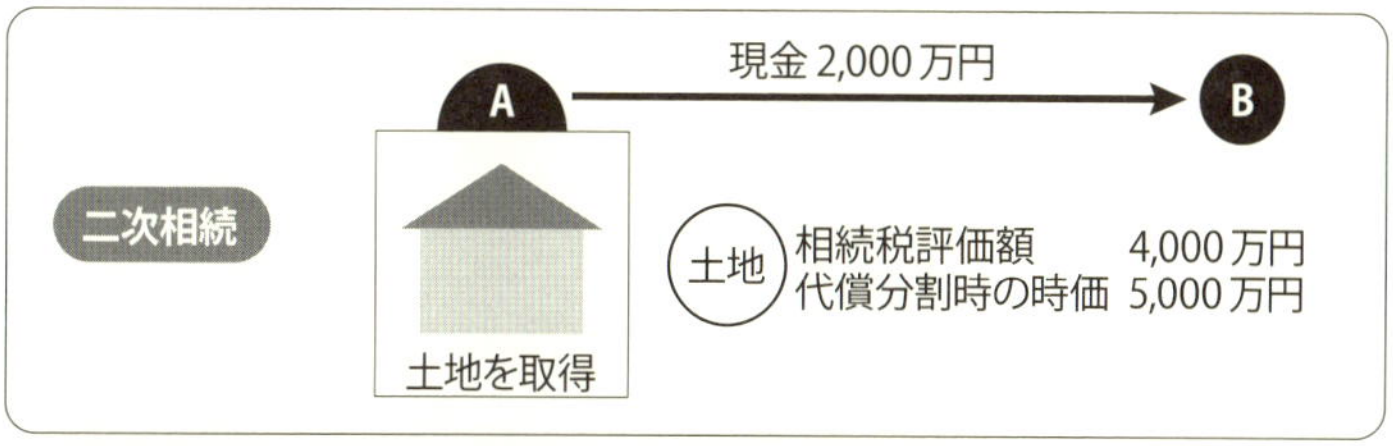

相続人Aが、相続により土地(相続税評価額4,000万円、代償分割時の時価5,000万円)を取得する代わりに、Aは現金2,000万円を他の相続人Bに支払った場合。

❶Bの課税価格

2,000万円 × 4,000万円 ÷ 5,000万円

= 1,600万円……ⓐ

❷Aの課税価格

4,000万円 − 1,600万円……ⓐ

= 2,400万円

図表1-13　生命保険の契約内容と税金の関係

	被保険者	保険料負担者	保険金受取人	かかる税金
1	夫	夫	子供	相続税
2	夫	妻	子供	贈与税
3	夫	子供	子供	所得税

生命保険の非課税額

受け取った保険の金額 − −500万円 × 法定相続人数 ＝ 課税の対象となる生命保険金等の額

法定相続人が妻と子供3人の場合

500万円 × 4人 ＝ 2,000万円 → 2,000万円まで相続税の課税対象とならない

税法では、被保険者、保険料負担者、保険料受取人が誰かにより、かかる税金も違います。

①保険料負担者が被相続人であれば、相続税がかかります。
②保険料負担者と保険料受取人が違う場合は贈与税がかかります。
③保険料負担者と保険料受取人が同一人物であれば所得税がかかります。

生命保険金は相続人１人当たり５００万円まで非課税になりますので、たとえば、相続人が配偶者と子供３人の場合、相続人は４人になりますので生命保険のうち２０００万円までは課税対象となりません。

加入する保険の種類は、専門のＦＰにかけ金と受け取る金額のバランスを含み、相談してください。

18

争わない対策③
子への生前贈与

point

生前贈与を行う場合、「いつ」「誰に」「何を」「何の目的で」「どのように」贈与するか、家族の生活状況を話し合いながら決める。

贈与税のかからないように制度を活用する。

子への生前贈与のタイミング

生前贈与は生きているうちに、親の意志で、「どの財産を誰に、なぜ贈与するのか」という気持ちを伝えることができ、争いを予防する効果があります。

資金的に余裕があるのであれば、生前贈与を検討してみてください。

特に、親の土地を利用して子供の1人が二世帯住宅を建てるタイミングは、大きな財産を1人が承継する分、それぞれの兄弟姉妹に生前に贈与を検討するよい時期です。

効果としては、次の事柄が挙げられます。

- 親の意志で土地を誰に承継させるのかを明確にし、二世帯住宅を承諾してもらう
- 生前の財産分与で、相続放棄をしてもらい、相続のときの争いを避ける

また、高齢社会になり、相続年齢も上がっています。親が90歳まで生きると仮定すると、相続する子供の年齢は60歳くらいになります。60歳という年齢は、子育てが終わり、住宅ローンも払い終え、比較的に資金に余裕が出てくる年齢です。

60歳で多少でも相続財産をもらえることは、年金不安の解消になりますが、生前贈与で「住宅資金の手助け」「子供の教育資金の手助け」など、一番お金の必要な時期に、親からまとまったお金を贈与してもらうことは、60歳を過ぎて受け取る遺産よりもありがたみを実感し、親への感謝の気持ちも違うはずです。

生前贈与は、「いつ」「誰に」「何を」「何の目的で」「どのように」贈与するのか、家族の生活状況を話し合いながら検討してください。

子への生前贈与は、次の3つの方法があります。メリット・デメリットを理解しながら、贈与税のかからないように上手に制度を活用してください。

①暦年贈与
②相続時精算課税制度を利用した贈与
③直系尊属から住宅取得等資金の贈与を受けた場合の非課税制度を利用した贈与

❶110万円の基礎控除の暦年贈与

贈与税は、1年間に贈与を受けた金額が110万円（基礎控除）の範囲では贈与税はかかりません。

たとえば、「1000万円を10年間かけて贈与します」という契約を行った場合は、1年間に一〇〇万円ずつの贈与になりますが、契約の時点で110万円を超えていますので、贈与課税価格は1000万円となってしまい、贈与税がかかります。

しかし、「毎年100万円ずつを贈与して10年経ったら1000万円になっていた」という場合には贈与税はかかりません。

贈与税の税率は高いので、一度にまとまった額を贈与する場合で、相続税の課税が心配ない人ならば、相続時精算課税制度を利用したほうが有利です。

❷2500万円まで無税で贈与できる相続時精算課税制度

相続時精算課税制度は、「相続税と贈与税の一体化」したもので、2500万円までを「相

図表1-14 暦年贈与と相続時精算課税贈与の比較

		暦年贈与	相続時精算課税贈与
贈与する人		誰からでもよい	65歳以上の親（その年の1月1日現在）
贈与を受ける人		誰でもよい	20歳以上の子供（その年の1月1日現在・代襲相続人含む）
贈与時	**非課税枠**	「贈与を受ける人」ごと年間110万円の基礎控除額	「贈与する人」ごとに相続開始まで2,500万円（父母2人の場合は各2,500万円ずつ、合計で5,000万円）
	税金計算	基礎控除額（110万円を超えた分の10～50%（超過累進税率）	贈与額－2,500万円×20%（比例税率）
相続時	**税金計算**	贈与開始前3年以内の贈与は相続財産に加算	この制度で贈与したすべての財産は相続財産に加算
メリット		相続財産を減らす節税効果 長い期間継続的に複数人に贈与すると節税効果が大きくなる	一度に多額の資産を移転できる 収益財産の場合は、相続人が収益を得ることで資産の蓄積が出来る
デメリット		短期間で多額の贈与ができない	相続税の節税はできない 相続時精算課税制度を選択すると暦年贈与はできなくなる

図表1-15 相続財産の前渡しとは

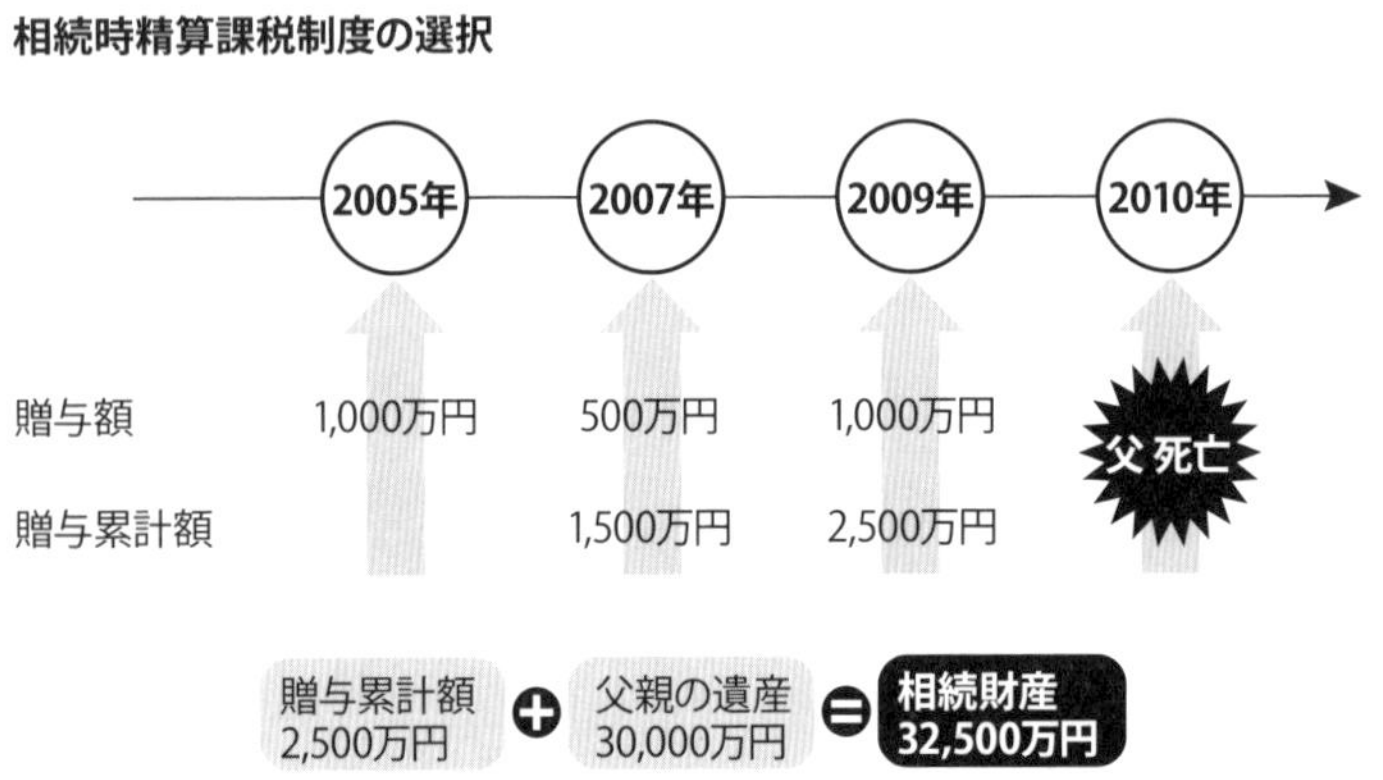

続財産の前渡し」として無税で贈与できます。また、それを超える部分については一律20％の税率で贈与することができます。

相続のときには、この制度を利用した生前贈与の価額を相続財産に合算して相続税の計算を行います。2500万円を超える贈与があり、贈与税を払った場合も精算されます。したがって、相続税の対策には不向きな制度です。

しかし、相続時精算課税制度は、誰でも利用できるわけではありません（図表1－14参照）。

相続時精算課税は、父母それぞれ2500万円ずつ合計5000万円まで贈与税を払うことなく贈与を受けることができます。また、父親からは相続時精算課税を、母親からは暦年贈与を利用するという選択肢もあります。

この制度は、税務署に「相続時精算課税制度を選択しました」と届け出てから、制度の適用を受けることができます。一度届け出を済ませれば、相続開始の日まで累計額が２５００万円を超えない限り、申告のみで贈与税はかかりません。

相続時精算課税の適用を受ける財産は、「種類」「金額」「回数」に制限はありません。

注意点は、一度この制度の適用を選択すると、その次に同じ親からの贈与は通常の暦年贈与の制度に戻ることができなくなります。

相続税が心配な場合は、暦年贈与と相続時精算課税のどちらを利用するのか、税理士・ＦＰなどの専門家に相談して検討してください。

❸住宅資金贈与の非課税措置

住宅取得等資金の贈与を受けた場合の非課税制度の適用は、次の条件が必要です。

- 贈与する人：父母、祖父母などの直系尊属
- 贈与を受ける人：1月1日で20歳以上の子供
- 贈与を受けた人が、自分の住むための住宅用の家屋、同時に取得する敷地購入費
- 一定の要件を満たした新築もしくは増改築を取得した場合
- 贈与を受けた年の翌年3月15日までに建て物の引き渡し

非課税となる金額は、

- ２０１０年中は１５００万円
- ２０１１年は１０００万円　※適用期限は２０１１年12月31日まで

たとえば、２０１０年中に父親から住宅取得のために２０００万円の贈与を受けた場合、贈与税の基礎控除１１０万円と住宅資金贈与の非課税枠１５００万円の合計１６１０万円までは非課税、３５０万円が贈与税の対象となります。

ただし、この非課税制度は、贈与を受け取る者ごとの限度額となっているため、父親からの贈与に対し、この非課税制度を適用した場合、母親からの贈与については非課税制度の適用を受けることはできません。

この制度は、相続時精算課税と同時に適用を受けることができます。しかし、贈与を受ける世帯に年間２０００万円までの所得制限があります。

生前贈与を行う場合には、家族全員のバランスを考え、不公平感がないようによく話し合ってください。

図表1-16　住宅取得等資金の贈与にかかわる贈与税の特例措置の拡充案.

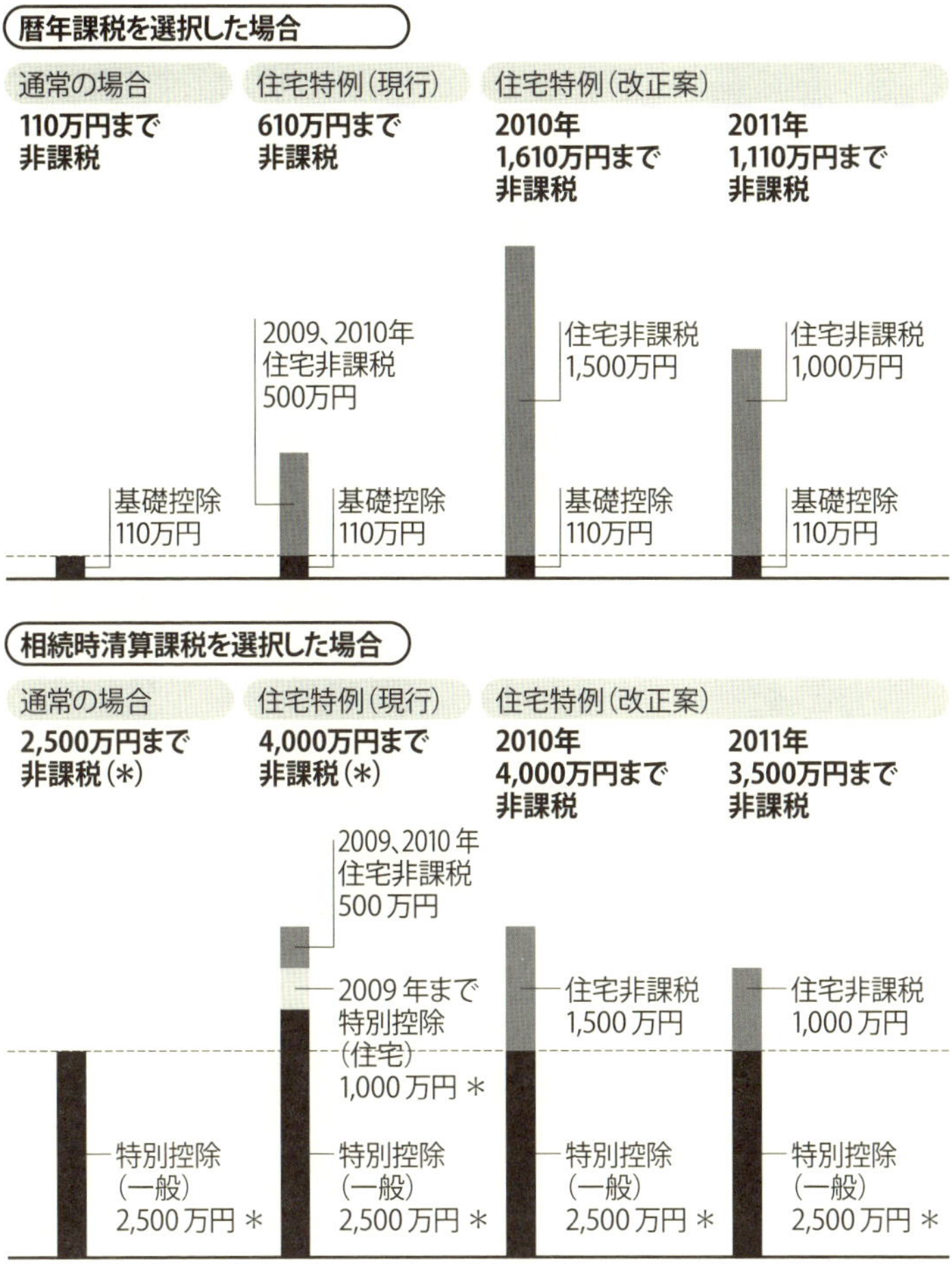

＊：相続時清算課税の特別控除にかかわる財産は、相続時に相続財産に合算されます。

出展：財務省パンフレット「平成22年度税制改正（案）のポイント」

19
争わない対策④
話し合ったことを書面に書き残す

point

「言った・言わない」は水掛け論で争いの種。書面に残すときは、法律的に有効な遺言書がベスト。

書面に書き残す

相続が起こってから、「親の介護をした」「二世帯住宅の資金は自分が出した」「親から生前贈与を受けただろう」と言って「親の土地は自分だけのもの」と主張しても、他の兄弟姉妹から「やっぱり平等に分けてほしい」と言われた場合には、争いになってしまいます。

相続の争いをなくすためには、何度も取り上げていますが、家族みんなが話し合い、親の意志を伝えることです。

図表1-17　意志を書面に残す

①エンディングノート
- 自分の歴史やこれからの事
- 家系図
- 親せき友人、知人の名簿
- 資産について
  貯蓄、保険、年金、借金、
  不動産、その他の財産
- 家族への希望
- 葬儀やお墓の希望
- 介護の希望　など

②遺言書
- 遺産分割方法の指定
- 遺贈（介護してくれた嫁などへ）
- 後見人、後見監督人の指定
- 相続人の排除
- 遺言執行者の指定
- 子の認知　など

遺産の分割指定について、エンディングノートは、
法律的に有効ではありません。

しかし、家族で話し合っても、時間が経ち、「ああだった、こうだった」と薄れゆく記憶の中で決めていくことは時間もかかりますし、トラブルの原因にもなりますので、書面に残すことが良いでしょう。

書面に残す方法として、法律的に確実なものにする遺言書をお勧めします。

遺言書に少し抵抗がある方は、最近書店やネットで販売され手軽に入手することができるエンディングノートを利用して、話し合った内容と家族への思いや希望、財産をまとめ、遺言書作成の下準備・練習とするのもひとつの方法です。

お金の財産分割を遺言書で、心の財産をエンディングノートに書き残すなどの使い分けもできます。

20

争わない対策⑤

遺言書と遺留分放棄をセットにする

point

遺言書は遺留分放棄とセットで意味をなす。遺留分を守る場合には、生命保険の活用を検討する。

最低限の相続財産を保障する遺留分

遺言書は、元気なときに自分の意志で、財産の分割を指定することができます。

図表1－18のように、配偶者（妻）に預貯金2500万円と土地7分の1の1000万円、同居する長男に土地7分の6の6000万円、長女に株式500万円というように、法定相続分に反していても、遺言が優先されます。しかし、配偶者や子供、両親には一定の相続財産を保障する「遺留分（法定相続分の2分の1）」という権利を持っています。

図表1-18 遺言書指定と遺留分

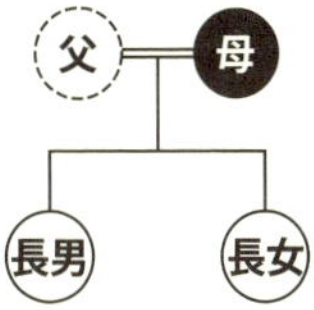

10年前、父親名義の土地に、
長男の名義で二世帯住宅を建築

相続課税財産

- 土地 7,000万円
- 預貯金 2,500万円
- 株式 500万円
- 合計 10,000万円

	法定相続分	遺言書指定	遺留分（法定相続分の1/2）
配偶者（妻）	5,000万円	土地　1,000万円（1/7） 預貯金　2,500万円	**2,500万円**
長男	2,500万円	土地　6,000万円（6/7）	**1,250万円**
長女	2,500万円	株式　500万円	**1,250万円**

遺留分の算定基礎財産 ＝ 相続開始時の財産の価額 ＋ 贈与した財産の価額 － 債務の金額

※贈与した財産は、相続開始前の1年間にした贈与財産です。
ただし、1年前にしたものであっても当事者双方が遺留分権利者に損害を加えることを知っていた贈与財産についても認められます。

↓

したがって長女は、遺留分の1,250万円を取得する権利がある

※遺留分が認められているのは、配偶者、子供（孫など）両親で、兄弟姉妹には遺留分はない。

遺留分を侵害された相続人は、相続開始から1年以内に最低保障分を戻してほしいという「遺留分の減殺請求」を行うことで、遺留分に相当する財産を取り戻すことができます。

したがって、図表1-18のように、長女の遺留分は1250万円になります。

長女が遺言の内容に異論がなければ、遺言書の通りになります。異論があれば、遺言の指定は500万円なので差額の750万円を遺留分の減殺請求をすることができます。

長女から請求があれば、両親の面倒を見てくれた長男に土地を相続させるという遺言書を作っても、長男は長女に750万円に相当する財産を戻さなければならなくなります。

◆「遺言書+遺留分放棄」:遺留分減殺請求への対策

相続は生前に放棄できませんが、遺留分は生前放棄ができます。遺留分減殺請求への対策は、生前に「遺留分放棄」をしてもらうことが有効です。(遺留分放棄は、相続開始前に放棄をする本人が、家庭裁判所の許可を受ける必要があります)

ただし、遺留分の放棄をしてもらっても、相続の放棄をした訳ではありません。遺言書がなければ、遺留分を放棄した人も相続人として、遺産分割協議の当事者になります。

家族で話し合い、生前に一定の贈与を行う代わりに、遺留分の放棄をしてもらうなど、不公平感のないように進めることがポイントになります。

図表1-18のように、長男に財産の偏りがある遺言書の内容は、「遺言書」と「遺留分放棄」

図表1-19　遺言書＋生命保険

A

	法定相続分（遺留分）	遺言書指定
配偶者（妻）	5,000万円（2,500万円）	土地　1,000万円（1/7） 預貯金　2,500万円
長男	2,500万円（1,250万円）	土地　6,000万円（6/7）
長女	2,500万円（1,250万円）	株式　500万円 生命保険　750万円

長女の遺留分の不足を生命保険で確保

1,250万円 − 500万円 ＝ 750万円…不足分

生命保険受取金額　750万円……ⓐ

B

	法定相続分	法律的有効な遺言書なし
配偶者（妻）	5,000万円	土地　1,000万円（1/7） 預貯金　2,500万円
長男	2,500万円	土地　6,000万円（6/7）
長女	2,500万円	株式　500万円 生命保険　2,000万円

長女の法定相続分の不足を生命保険で確保

2,500万円 − 500万円 ＝ 2,000万円…不足分

生命保険受取金額　2,000万円……ⓑ

生命保険の非課税限度額

500万円 × 3（法定相続人の数）＝ 1,500万円

ⓐ **生命保険：750万円は相続課税財産にならない**

ⓑ **2,000万円−1,500万円＝500万円…相続課税財産に加算**

をセットで行うことで意味をなします。

◆「遺言書＋生命保険」：遺留分を守り、資金は生命保険で確保

親心としては、できれば兄弟姉妹は平等にしたいところでしょう。その対策として生命保険を活用することができます。しかし、生命保険の受取金額を上げる場合には、次のようなことにも配慮が必要です。

- 月々の生命保険料負担が増大する
- 生命保険の非課税限度枠に限りがある

図表1－19Aと図表1－19Bを比較してください。

図表1－19Aでは、長女の遺留分1250万円を守った遺言書として、遺留分不足分の750万円だけを生命保険で準備しました。図表1－19Bは、長女の遺産を遺言書がなく、法定相続分通りに分割した場合の生命保険の受取金額は2000万円を契約しなければなりません。生命保険の非課税限度枠を500万円超えてしまいます。

争わない対策として、遺言書で遺留分を守り、不足分を生命保険で確保するセットの対策が有効的です。いずれにしても、遺言書は必要になります。

21 遺言書でできること

point

大切な家族の生活を守る遺言書は、公正証書遺言書が確実。

お嫁さんにメッセージと財産を残す

二世帯住宅では、介護が必要になった義父母のお世話をするお嫁さんは昔も今も多いと思います。しかし、献身的に尽くしたお嫁さんには、義父母の相続権はありません。

たとえば、親世帯の名義の土地と建物に生活していた子世帯の妻が、義母の介護を長年務めていたところ先に夫が急死、しかし、夫の兄弟姉妹は離れて生活をしているため、義母の介護はそのままお嫁さんが世話をしているなどというケースでは、義母が亡くなっても、戸籍上の血縁関係がないので、お嫁さんは相続する権利がありません。

この場合、お嫁さんに何かを残してあげたいと思うことは自然なことでしょう。残す方法としては、次のやり方があります。

● 遺言で、介護してくれた嫁へのメッセージと財産を残す
● 生前に財産を贈与する
● 養子縁組

離れて暮らす子から見れば、親の世話をしてくれることに感謝しても、そこまでする必要はないと主張されるかもしれません。生前贈与の場合は、子や孫への贈与などを計画的に行い、遺言の場合は、感謝のメッセージも伝えましょう。

子供のいない夫婦は遺言書を作る

二世帯住宅で、親の土地を同居する子世帯が相続しても、子世帯に子がない場合は、夫がなくなったときに、お嫁さんと夫の兄弟姉妹（代襲相続人含む）が相続人になります。

兄弟姉妹にとっては、元々は自分の親の財産ですから、「血縁関係のないお嫁さんに渡した

くない」という気持ちや、「相続できるプラスの財産はほしい」という割り切った感情から、争いが起こる可能性があります。

この場合は、兄弟姉妹には遺留分（20「争わない対策⑤」106ページ）の権利がないので、遺言書で相続財産を妻（お嫁さん）へ指定することで、争いを避けることができます。

遺言でできること

遺言では次に挙げることができます。

①民法の相続分とは関係なく、自分の意思で遺産分割を指定
②お嫁さんや友人など、面倒を見てくれた相続権のない人に財産を分ける
③相続人が配偶者と自身の兄弟姉妹だけのときに、財産すべてを配偶者に指定
④後見人を指定する
⑤相続人の排除と取り消し
⑥非摘出子を認知
⑦遺言執行者の指定

遺言書にはいくつか種類がある

民法では、次の3つの普通方式の遺言書を原則としています。

①自筆証書遺言
②公正証書遺言
③秘密証書遺言

❶自筆証書遺言

自分の手で全文を書き（ワープロ不可）、日付と署名捺印をして保管する遺言です。費用がかからず、自分ひとりで作成できる手軽さがありますが、遺言書を発見してもらえなかったり、隠されてしまう可能性もあります。また、遺言書の不備で無効になってしまうこともあります。

❷公正証書遺言書

公証役場の公証人に、遺言書を作成してもらう遺言書です。必要書類（住民票、戸籍謄本、印鑑証明、登記簿謄本、評価証明ほか）の準備や証人2名への依頼、費用も掛かりますが、内

図表1-20　**遺言書の種類と特徴**

遺言の形式	公正証書遺言（民969）	秘密証書遺言（民970）	自筆証書遺言（民968）
費用	公証役場手数料（16,000円～）、証人依頼代	公証役場手数料（11,000円）、証人依頼代	ほとんど掛からない
証人	二人必要	二人必要	不要
保管	原本は公証役場、正本と謄本（写し）は本人、推定相続人、受遺者、遺言執行者など	本人、推定相続人、遺言執行者、受遺者、友人など	本人、推定相続人、遺言執行者、受遺者、友人など
メリット	①家庭裁判所の検認不要 ②公証人が作成するので、無効な遺言書となる可能性が少ない ③未発見や変造されるリスクが少ない ④紛失しても謄本を再発行してもらえる。	①公証役場に提出するので、遺言の存在を明確にし、作成日も特定できる ②遺言内容を秘密にできる ③偽造の恐れが無い ④ワープロ可能	①費用がほとんど掛からない ②証人が必要でなく、いつでもどこでも簡単に書ける ③作りなおす事が容易
デメリット	①費用が余分に掛かる	①遺言の要件を満たしていないと無効となる可能性がある ②家庭裁判所の検認が必要	①紛失、変造、隠匿（隠すこと）等の可能性ある ②遺言の要件を満たしていないと無効となる可能性がある ③家庭裁判所の検認が必要。

①遺留分に配慮した遺言の作成
②相続時精算課税制度をセットした遺留分放棄の申述書
③遺産分割ができるようにした生前の財産整理

容の不備で無効になる心配がありません。また、遺言書を公証役場と自身で保管することになりますので、紛失や、偽造、隠されるなどの心配がありません。

❸秘密証書遺言

遺言書の内容を自分で作成し（ワープロ・代筆可能）、公証役場で公証人と証人2名の前で、内容を見せずに封印し、公証人が提出された日付と遺言者の申述を記載後に、証人とともに署名捺印をする遺言書です。他人に内容が漏れる心配がなく、公証役場でも保管しますので紛失や偽造、隠される心配はありません。しかし、遺言書の不備で無効になってしまうこともあります。


遺言書には、それぞれのメリット・デメリットがあります。しかし、遺言書には争いを避けるという意味があります。費用はかかりますが公正証書遺言が一番確実な方法です。

また、遺言書は一番最後に作成したものが有効になりますので、生活の事情が変わったりした場合は、作り直しをすることができます。

また、遺言書を書くときには、配偶者の生活が保証できるように、自宅の一部と預貯金などを承継できるように配慮する必要があるでしょう。

22 同居しない親族への配慮と、一人っ子の夫婦と両親との生活

point

親族の気持ちを考えた配慮が成功への早道。一人っ子同士の結婚は、複数世帯住宅も選択肢のひとつとして視野に入れる。

親族への配慮

ここで少し、親族の立場になって考えてみましょう。

幼い時を過ごした家を取り壊し、両親が自分以外の兄弟姉妹と同居することは、両親の老後は心配だから、兄弟がそばにいてくれれば心強いと思う反面、自分が成長した家が壊され、新しい建物になることは、思い出の詰まった歴史が失われるような気持ちもあり、想いは複雑でしょう。

同居しない配偶者の両親も、相手の両親と生活を始めると聞けば、上手くやっていけるのか心配します。また、子供を相手の親に取られたような想いもあるでしょう。

それぞれの想いが、些細なことで感情を一転させてしまうこともあります。

「急がば回れ」と言うように、少し面倒かもしれませんが、周囲の気持ちを考えて進めることが、成功への早道です。

これから増える？ 複数世帯住宅

少子化が進み、一人っ子の子供も増えています。今後の二世帯住宅では、夫の親と妻の親、複数の親との複数世帯の協働生活も考えられる時代になってきていると思います。

この場合に、複数世帯住宅を作る選択肢としては次の2つが考えられます。

● 片方の親が土地を売却し、もう片方の親の土地に家を建てる
● 両方の親の土地を売却し、新たに土地を購入して家を建てる

子世帯から見ると、「両方のお財布」から資金援助があるわけですから、資金的に負担が少なくなる可能性が高いと思います。また、両方の親の面倒も一度に見ることができるのでメ

リットは大きいと思います。その反面、親同士が競い合ったり、生活環境の違いのトラブルなどが起こる可能性もあります。

双方の両親と複数世帯の同居を考える場合は、かかわる世帯が増える分、双方の親の意見調整をしたり、話し合いにも時間がかかります。

また、両親が高齢になるとわがままになったり、環境の変化への対応に時間がかかったりします。両親が若いうちに、早めに両親に対する想いや今後の生活設計を含め、提案する方が望ましいです。

いずれにしろ、親の土地を利用して住まいを作ると決心したならば、周囲への配慮を忘れずに、賑やかな明るい生活を掴んで下さい。

第1章
チェックリスト

夫婦で話し合いましたか?	Yes ・ No
同居する両親と話し合いましたか?	Yes ・ No
兄弟姉妹と話し合いましたか?	Yes ・ No
同居しない両親と話し合いましたか?	Yes ・ No
二世帯住宅に住む 心構えを確認しましたか?	Yes ・ No
お互い理解し合いましたか?	Yes ・ No
相続財産の把握をしましたか?	Yes ・ No
土地の名義人を確認しましたか?	Yes ・ No
争わない対策を検討しましたか?	Yes ・ No
遺言書の作成を検討しましたか?	Yes ・ No

第2章

土地の環境は明暗を分ける

23

住み慣れた敷地の現状と建築関係法規を調べる

point

自分の敷地でも、法律で建物の大きさを規制されている。敷地の調査から、生活環境と建物の大きさをチェックする。

敷地調査を実行

家族みんなが、安心で安全に長く暮らすことができる家を計画する前に、敷地の環境を調べてみましょう。幼いころ住み慣れた敷地周辺の環境が変わり、生活しにくい状況になっていることもあります。また、敷地の状況により、建築計画も左右されます。

調査内容は、277ページの敷地調査表（付録A）、279ページの土地周辺環境のチェック（付録B）を基に行います。調べる項目は次の点です。

①環境を調べる（駅までのアクセス・周辺環境）
②「敷地状況を確認する（面積・接道など）
③建物の大きさを知る（建蔽率・容積率・斜線制限）
④ライフラインを確認する（ガス・上下水道・電気）

環境調査は、地図を持ちながら、実際に駅や学校、商店街などまでを、徒歩や自転車で回ってみましょう。

敷地調査は、巻尺5・5m、方位磁石、デジタルカメラ、定規、筆記用具を用意すれば概略を作ることができます。測量図があれば、現状と測量図が合っているかを確認します。

関係法規は、webで建築地の場所がわかる地図をプリントして、関係する行政庁へ出向き、調べます。

また、法務局で「公図」「土地登記簿謄本」「地積測量図」などを入手しておくと良いです。

建築関連法規による規制

実家の部屋数を数えて、「客間と茶の間のあたりをリビングにして、二階の弟の部屋は自分たちの寝室スペースに……」と予定していても、現行の建築関係法規では、同じ大きさの家を建てることができない可能性があります。

家族みんなが、二世帯住宅を建てようと一致団結したものの、設計事務所や住宅会社から「残念ですが、お宅の敷地では、ご要望の半分くらいの建物しか建てることができません」と言われたらがっかりします。

「なぜ、自分の土地なのに自由に建てられないの？」と思うかもしれませんが、みんなが土地いっぱいに建物を建てたら、隣と接してしまいます。風通りも悪く、日当たりも悪くなります。火災のときも、被害が広がりやすく逃げ場もなくなります。

そこで、良好な環境を作るために、「建築基準法」「都市計画法」などで次の規制をしています。

● 家族を守る建物に対する規制
● 良好な都市環境を守る規制

まずは、敷地の現状と関係法規を調べてみましょう。

建物と秩序を守る法律は進化している

建築基準法では、建物単体の安全と衛生を確保するために「単体規定」、良好な市街地環境を確保するために集団で捉える「集団規定（都市計画区域内のみ）」があります。

土地利用や都市の整備に関する都市計画区域や用途地域についての指定は、都市計画法で規定されています。

その他、「消防法」「宅地造成等規制法」「建築士法」「建設業法」「道路法」、また「高齢者、障害者等の移動等の円滑の促進に関する法律（バリアフリー法）」「エネルギーの使用の合理化に関する法律（省エネ法）」「特定住宅瑕疵担保責任の履行の確保等に関する法律（住宅瑕疵担保法）」など、さまざまな法律の規制を受けます。

これらの法規は、時代の変化とともに改正され進化しています。過去緩かった指導も今では厳しく規制されています。

したがって、実家と同じだけの建物が建てられるとは限らないのです。

24

土地周辺の環境を調べる

土地周辺環境チェック（付録B）

point

時代の変化で育った環境も変化していることが多い。土地周辺の調査で本当に親の土地を利用して生活していいのかを判断する。

環境もいろいろな要素がある

土地の周辺環境といっても、いろいろな要素があります。本当に親の土地を利用してその土地で生活することが家族にとっていいことなのかを調査します。調査は以下の項目が挙げられます。

① 交通の利便性

②生活の利便性
③子育てに適する環境（自然・教育）
④住環境
⑤行政サービス
⑥将来性

❶交通の利便性

最寄駅までの交通手段や、通勤・通学の手段と時間、交通費などを調べます。親の土地を利用して二世帯住宅を手にしても、毎日の通勤時間がかかりすぎては負担が大きすぎます。また、子供を私立学校へと希望している場合は、通学の時間も考慮します。

駅までのアクセスも忘れずにチェックします。毎日奥さんが送り迎えでは大変です。もし万が一親の介護が発生し、つきっきりの状況になったら、送り迎えはできません。徒歩・自転車・バス・タクシーなどの手段も調査しましょう。

❷生活の利便性

商店街やスーパーなど、日々の生活に必要な買い物や、金融機関の利便性だけではなく、最寄りの医療機関や福祉施設なども考慮しましょう。

特に高齢になると、病院を利用することも多くなります。緊急時に対応できる病院と親が1人でも通える病院など、状況に応じた利便性を調査します。また、デイサービスや介護に関する施設も調査します。

❸子育てに関する環境

子供の学校までの経路と安全性、学校の方針、学習塾、子供の遊び場、保育環境などを調査します。子供の教育方針からチェック項目を考えてみましょう。

❹住環境

騒音や大気汚染、緑地、周辺にある住環境にはふさわしくない施設、防犯や防火の安全性などです。

家族がぜんそくやアトピーなどの病気を抱える場合は、必須チェック項目です。

❺行政サービス

医療サービスや福祉施設の充実、住宅取得の支援・子育て支援制度など最寄りの役所で調べます。

❻将来性

計画道路や大規模開発の有無、幹線道路の整備計画、鉄道の新線計画などを調べます。また「高齢者人口が多く、将来老衰の可能性がある街」「人口が増加している街」などの将来予測から長期的生活環境も調べるとベストです。

都心部では特に、周辺環境は激変しているでしょう。詳細は279ページの土地周辺環境のチェック（付録B）を基に確認してください。

親の土地をそれぞれの環境から複合的に考えて、長期に住む場所として適切なのか、判断材料としてください。

25

敷地の境界が不明確なケースもある

敷地調査表（付録A）4．道路、5．隣地境界確認

point

敷地の境界を確認し、建物が建てられる敷地面積を把握する。境界ポイントの数を確認し、境界があるところ、ないところをチェック。境界の確定がされているかの確認も行う。

境界の確認

隣地と道路との境界杭を調べます。区画整理された土地は、測量図や境界杭がきちんと入っていることが多いのですが、古くからの住宅地や旧農地では、境界杭が見つからない、敷地に埋もれているなど、すぐに見つからない場合や不明なことがあります。

また、先祖代々受け継いだ土地を兄弟姉妹で分け合っている場合は、明確に測量せず、境界目印を樹木や畑の水路などにしているケースがあります。

図表2-1　樹木のどこが境界!?

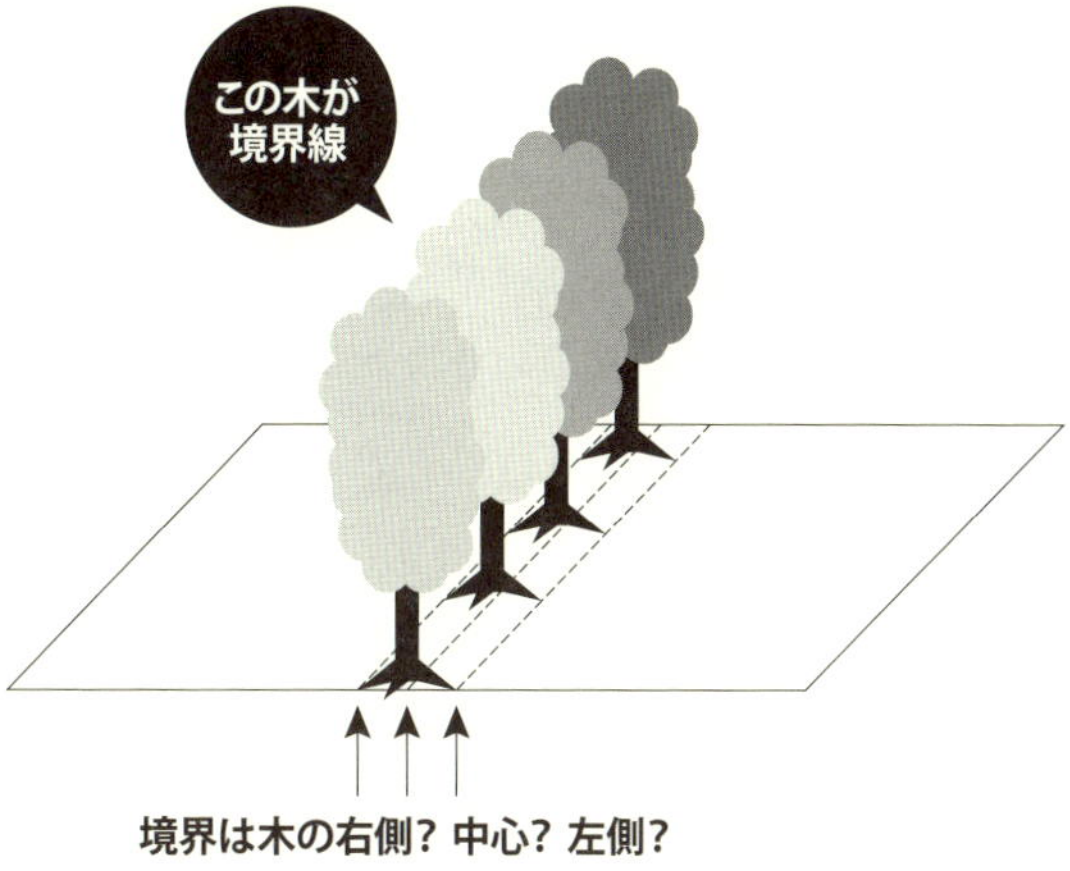

はっきりとした境界がわからない場合は、当時の状況を知る親が元気なときに境界の確定をしないと、将来相続のときにもめる原因ともなります。

境界の確定は隣地の土地所有者全員が立ち合いのもとで行います。

杭の種類にはコンクリート製とプレート製があります。図表2－2のように赤く「＋」になっているものや、矢印が刻まれているものがあります。「＋」は中心が、「↖」矢印は指している所が境界です。

また、敷地に埋もれているときもありますので、杭があるだろう場所を掘り起こして探してみます。

図表2-2　境界杭の例

プレート杭

区管理道との境界杭

敷地に埋もれたコンクリート杭

26 敷地が接する道路条件により、建築できる敷地面積が変わる

敷地調査表（付録A）4．道路

point

4ｍ未満の道路に接道している場合は、自分の土地でも一部道路として敷地面積から外される。結果的に、今と同じ大きさの家が建てられるとは限らない。

道路幅の確認

建築基準法では、災害時の避難や延焼防止、通風や日照などを確保する目的により、接道義務があります。条件は、建築基準法上の道路で幅が4ｍ以上の道路に、2ｍ以上接することです。この条件を満たしていないと、原則として建物を建てることができません。

しかし、全国には4ｍ未満の道路が多く存在します。この場合、昭和25年の建築基準法ができる前に、すでに建物が建っている道で、特定行政庁が指定したものは（42条2項道路・みな

し道路）、道路の中心線から２ｍの線を道路境界線とみなし、建物を建築することができます。

敷地が接する道路の幅をまず測ってみてください。４ｍ未満であれば図表２－３のように、建築できる敷地面積が今よりも小さくなり、結果的に、今と同じ大きさの建物が建てられるとは限りません。また、セットバックした部分は、自分の土地であっても道路としての扱いになりますので、建物は建てることはできません。

セットバックの基準は、現状の道路の中心とは限りません。向かい側が新しく家を建てている場合には、すでにセットバックされているはずです。正確には、どこがもともとの道路だったのか「原道」を調べ、その中心から２ｍのセットバックとなります。また、向かい側が川・線路・がけ地などの場合には、一方的に４ｍをバックした距離が敷地境界線とみなされます。

実際に、道路の幅を測る境界は、道路の両端に、Ｌ字溝・Ｕ字溝と言われる排水処理の溝がありります。この敷地側のラインが境界になります。Ｌ字溝などがない場合は、コンクリートなどの路肩の敷地側ラインが境界になります。

また、道路は決して真っ直ぐとは限りませんので、敷地の両端、角度がついている部分など、それぞれのポイントでセットバックの寸法も変わります。

敷地と道路の関係は、最重要ポイントです。今、親の家が建っていても建て替えできないこともあります。建築基準法上の道路であるか、また、原道の中心など建築指導課で確認できますので、建築地の場所がわかる案内図を持って訪ねてください。

図表2-3　道路の中心から2mセットバック

チェックポイント

- 敷地が接する道路は建築基準法上の道路か
- 幅が4m以上の道路に2m以上接しているか
- 道路幅が4m未満の場合、道路中心線から2mのバックが必要（セットバック）

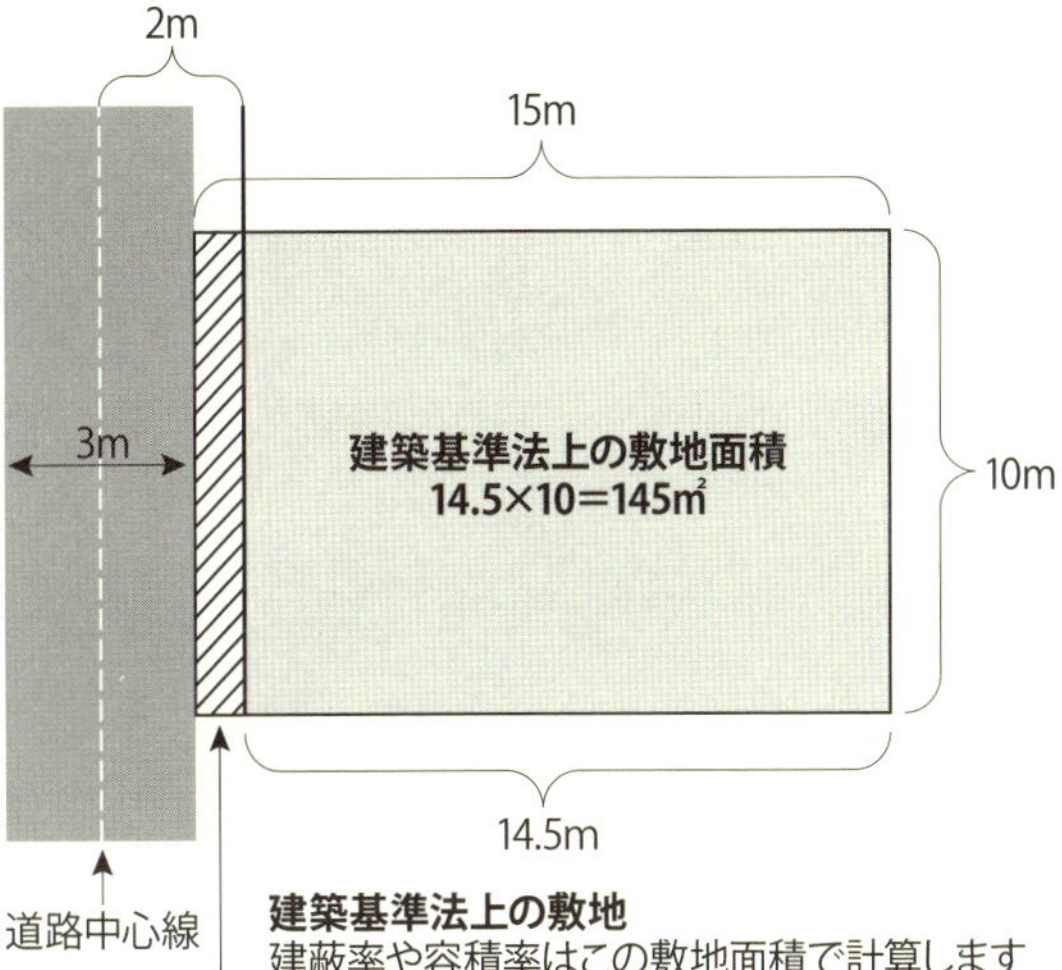

建築基準法上の敷地
建蔽率や容積率はこの敷地面積で計算します

敷地面積には算入されない部分
2mセットバックした線が道路境界線となります。
自分の土地でも、敷地面積には算入されません。

図表2-4 道路状況の例

側溝の例（L字溝）

道路幅がまっすぐではない例

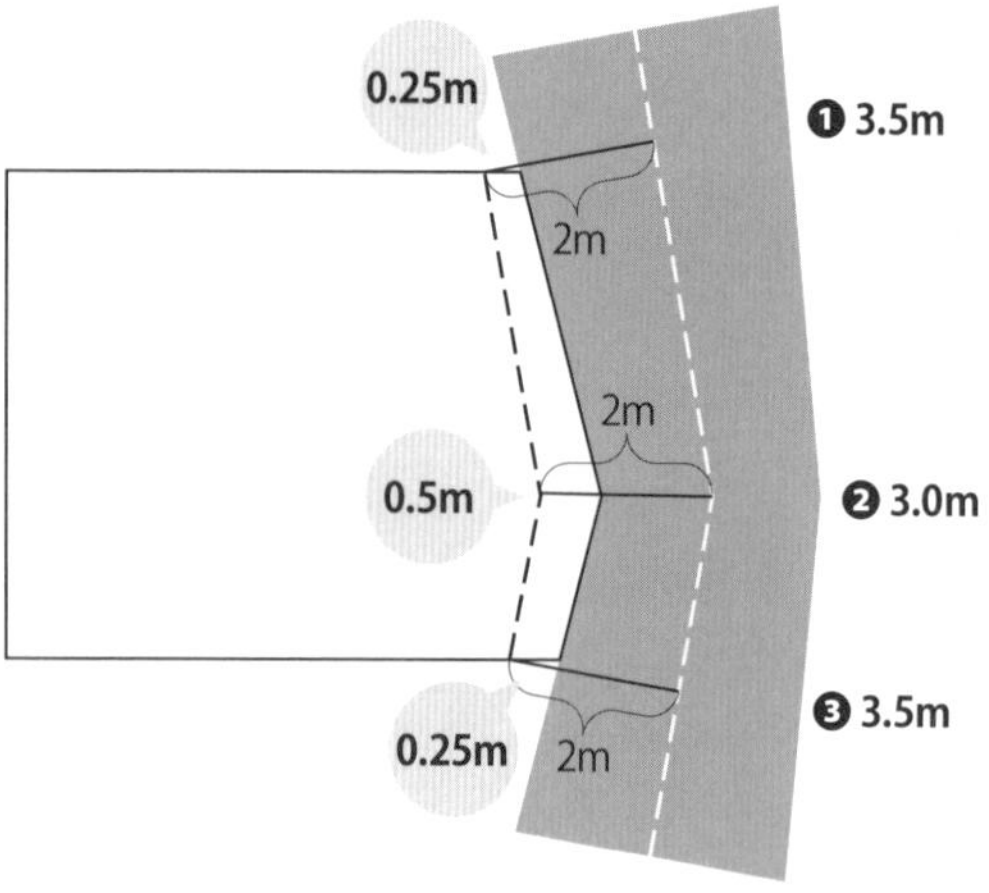

27

接道の長さが2mでは、駐車スペースが取れない

敷地調査表（付録A）4．道路

point

将来、土地の分割を視野に入れている場合は、分割した土地が、市場ニーズに合った、満足できる建物が建てられるように配慮が必要。配慮を怠ると一方の土地の評価が下がる。

駐車スペースも考慮する

図表2－5の土地Aのような「旗」形状の土地は、一戸建て分譲のチラシでよく見かける敷地形状だと思います。これは「路地状敷地」「旗竿敷地」と呼ばれています。

元々ひとつの敷地を、相続などで手放したときに、購入する業者がひとつの土地では市場ニーズに合わないために分割したものです。このとき、道路に接する間口が広ければ左右で分けることができます。しかし、間口が狭い場合は、道路手前と奥の分割をします。

図表2-5　旗竿敷地

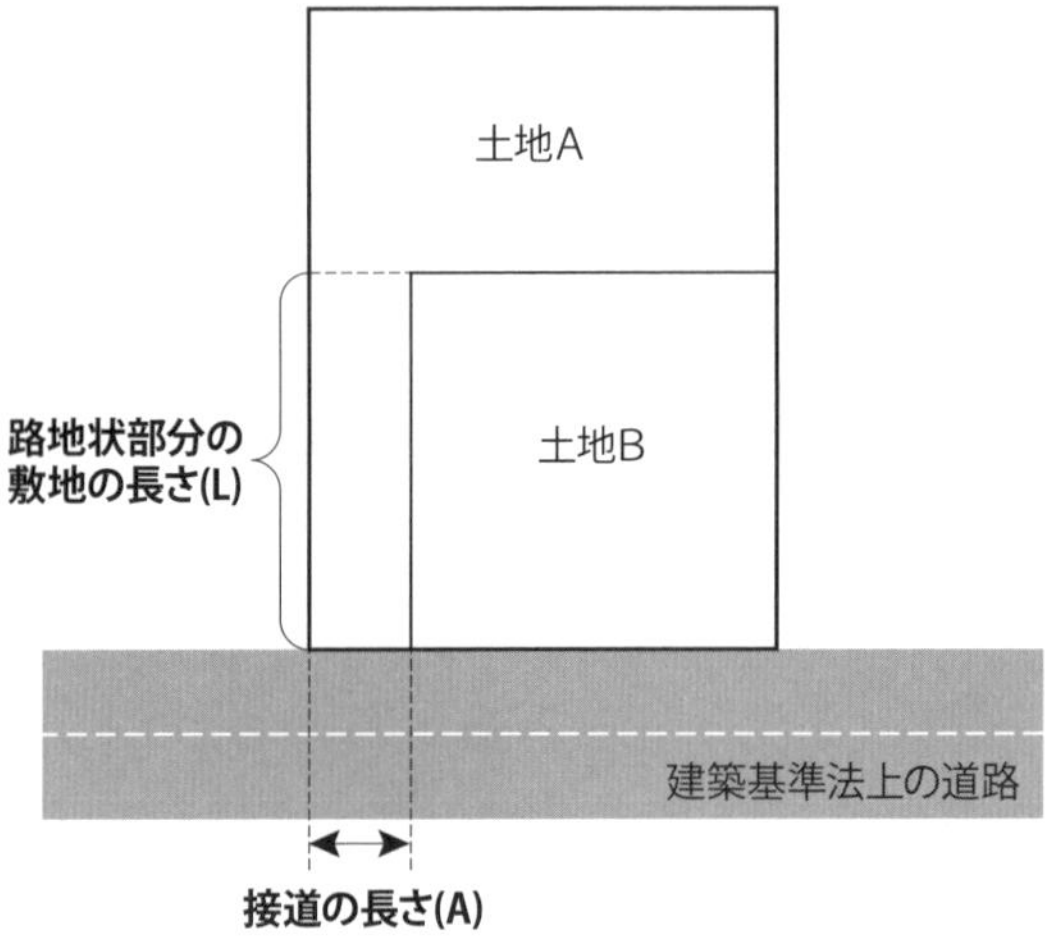

- **接道の長さが2m未満の場合、土地Aには家を建てることが出来ない。**
- **建築基準法では接道2m以上が必要。**
  親の土地を将来、土地A・Bとして区画する予定の場合駐車スペースも考慮して、接道の幅を決める。
- **駐車スペースの幅は、有効で2.5mが必要。**

東京都安全条例では	20m未満	20m以上
A：一般	2m以上	3m以上
A：木造建築物 200㎡以上	3m以上	4m以上

※原則として、特殊建築物（共同住宅・店舗・工場など）は、建てられません

そのときに、前項でも説明しました2ｍの接道義務により「旗（土地A）」のような形状に敷地が区切られるようになってしまいます。

親の土地が近隣市場の2区画分以上の面積がある場合は、将来兄弟姉妹と土地を分けることも考えられます。たとえば、土地Bに二世帯住宅を建て、将来土地Aを兄弟姉妹へ分けるなどです。

このときの留意点として、土地Aの接道の長さ2ｍ以上の確保は基本ですが、土地A単独で市場ニーズに合うように、駐車スペースの確保や満足できる建物が建てられる区画を最初から配慮して、土地Bに建物計画を建てましょう。

土地Aの路地上の部分には建物は建ちません。近隣の周辺環境にもよりますが、土地Bの日当りや視線の広がりを考慮して路地状部分の位置を決めると良いでしょう。

できれば、信頼できる設計事務所や住宅会社に、相談することをお勧めします。

28

袋地の救世主は、当時の状況を知る親のみ？

敷地調査表（付録A）4. 道路

point

袋地の土地は再建築することはできない。区画した当時の状況を知る親が元気で、通行権を提供する所有者との関係が近いうちに、早期対策で生きた土地にしよう。

通行権は接道義務を果たしていない

親の土地が、他人の敷地の一部を利用しなければ、道路と建物をアクセスすることができない土地C（図表2－6）、もしくは敷地の一部を提供する土地D（図表2－6）に該当し、親族が片方の土地を所有している場合は、過去の相続で分割されたケースが高いと思われます。

土地Cのように、接道していない土地を袋地といい、土地Cの所有者は、道路にアクセス

図表2-6　囲繞地通行権

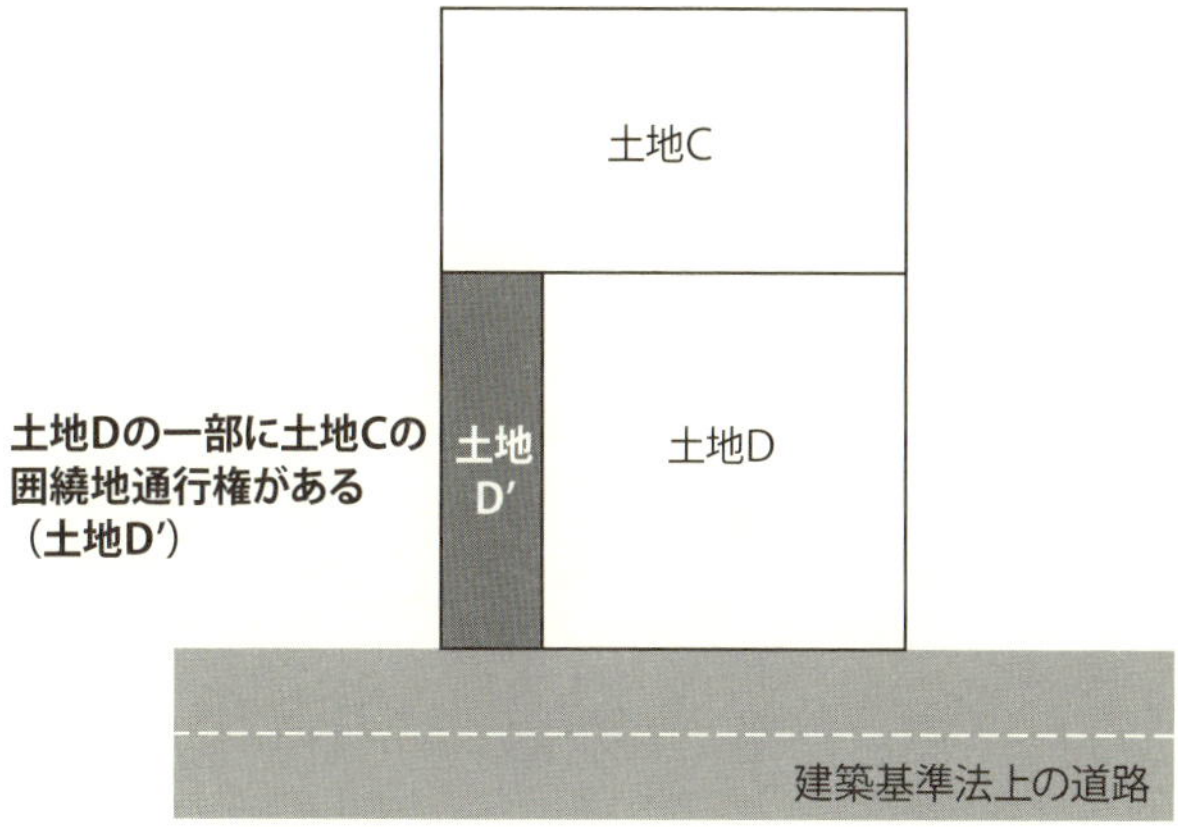

●囲繞地通行権では再建築することはできない
●土地所有者が親族関係でも土地の貸し借りはNG
●土地D′を土地Cの所有者に売却、もしくは贈与する
※贈与の場合、贈与税が土地Cの所有者に、売却の時は土地Dの所有者に譲渡所得税、土地Cの所有者に不動産取得税・登録免許税等がかかる

るための土地の囲繞《いにょう》地通行権を持っています。（参照：基本建築関係法令集［法令編］　民法（抄）第２１０条）

この通行権は、土地Ｄの損害が最も少ないものを選ばなければならず、通行するための必要最低限の権利です。

したがって、建物を建てるための必要条件である、建築基準法の接道義務をはたしていないため、再建築することはできません。

土地Ｃに再建築するためには、土地Ｄ'が必要となります。

建築確認申請の許可のために、親族だからといって、土地Ｄ'の貸し借りは、将来のお互いの相続のときに、トラブルの原因にもなりますので絶対にやってはいけません。土地を貸すと、土地Ｄに建て替えを行う場合に、貸した土地Ｄ'は建築できる敷地面積には含めることができません。

将来的にもトラブルにならないように、区画した当時の状況を知る親と、もう一方の土地を所有する親族との関係が近いうちに話し合ってもらい、土地Ｄ'を売買、もしくは贈与するなどで、所有権をはっきりとさせることが大切です。

袋地の土地を持っていた場合は、事を先送りにせず、所有者同士の関係が近いうちに対策を立てましょう。

29

長年住んでいる親だからわかる隣地の状況

敷地調査表（付録A）6．土地環境

point

長年住む親からの隣地情報は、間取りを左右する貴重な情報源。将来を通じ、平和で快適に住む家づくりの鍵を握る。

親の意見を尊重する

家を建てるときは、隣地との視線への配慮は基本です。お互いの窓が向い合わせにならないように、また眺望されるような、窓やバルコニーなどの有無への配慮です。

雪が屋根に積もり、落ちたときに、隣接地に迷惑がかからないようにすることも必要です。視界が広がる工夫や日当たり確保は、隣接地の建物状況を考慮して建物計画を行います。

これらは、外側から見てわかる情報ですが、長年住んでいないとわからない情報もたくさんあります。

特に、隣地の住人との関係は重要ポイントです。隣接地だからといって、必ず関係が良いとは限りません。

たとえば、隣接地から「テレビの音がうるさい」「秋刀魚の匂いが洗濯物につく」など常日頃、苦情があったにも関わらず、その隣接地に沿って、キッチンやリビングを設けてしまった場合、将来トラブルが起こることが想定されます。

また長年住んでいるからこそ知る、都心部など密集地のかすかな風の通り道や、日当たりのいい場所、隣接地との高低差から生じる雨水の通り道。更に、昔からの土地の場合は、防空壕や井戸が埋まっていることもあります。

このように、外側から見てわかる情報と、長年住んでいないとわからない情報があります。いずれも、建物計画を左右する重要な情報です。

家を立てるということは、そこで長く家族で生活をすることを意味しています。

長年住んでいる親だからこそ知る、近隣との関係や、土地の持つ個性を十分に取り入れて、平和に快適に住む家を手に入れてください。

30

敷地が接する道路の方位によって間取りも変わる

point

道路が接する方位が、東西南北によって建物の間取り計画が大きく左右される。メリット・デメリットを理解し計画に役立てる。

道路の方位と間取りの関係

限られた敷地に建物を建てるとき、道路が接する方位によって間取りプランが大きく変わります。

一般的に、日当たりのいい南側に家族が集まるリビングやダイニング、居室などが配置され、水周りのお風呂・洗面・トイレなどが北側へ配置されます。

玄関は道路に近いところで、防犯面を考えると、道路から見えるところに配置した方がいい

図表2-7　道路方位のメリット・デメリット

	メリット	デメリット
南	●日当りが良い ●開放感がある ●建物の外観が見栄えする	●北側斜線の影響を受けやすい ●道路からの視線が気になる
北	●独立した庭が取れる ●北側斜線が有利	●隣接地の建物の影の影響で日当りの工夫が必要 ●閉鎖的な印象の建物になりやすい
東／西	●玄関と駐車場の計画がしやすい	●隣接地の建物の影の影響で日当りの工夫が必要 ●北側斜線の影響を受けやすい

です。

◆玄関と駐車場の位置に工夫が必要な南側道路

南側道路の場合は、日当たりが良く開放感もありますが、道路を通行する人からの視線が気になりますので、庭の植樹などで工夫が必要です。

独立型の二世帯住宅を計画する場合は、南側に玄関が2つ、車を2台配置すると、リビングや庭などの幅が狭くなります。また、駐車場を屋根付きのカーポートにすると、せっかくの日当たりをさえぎられることになります。

南道路の場合、庭と駐車場、玄関までのアプローチの工夫が必要となります。

図表2-8　完全分離型プラン(南道路)

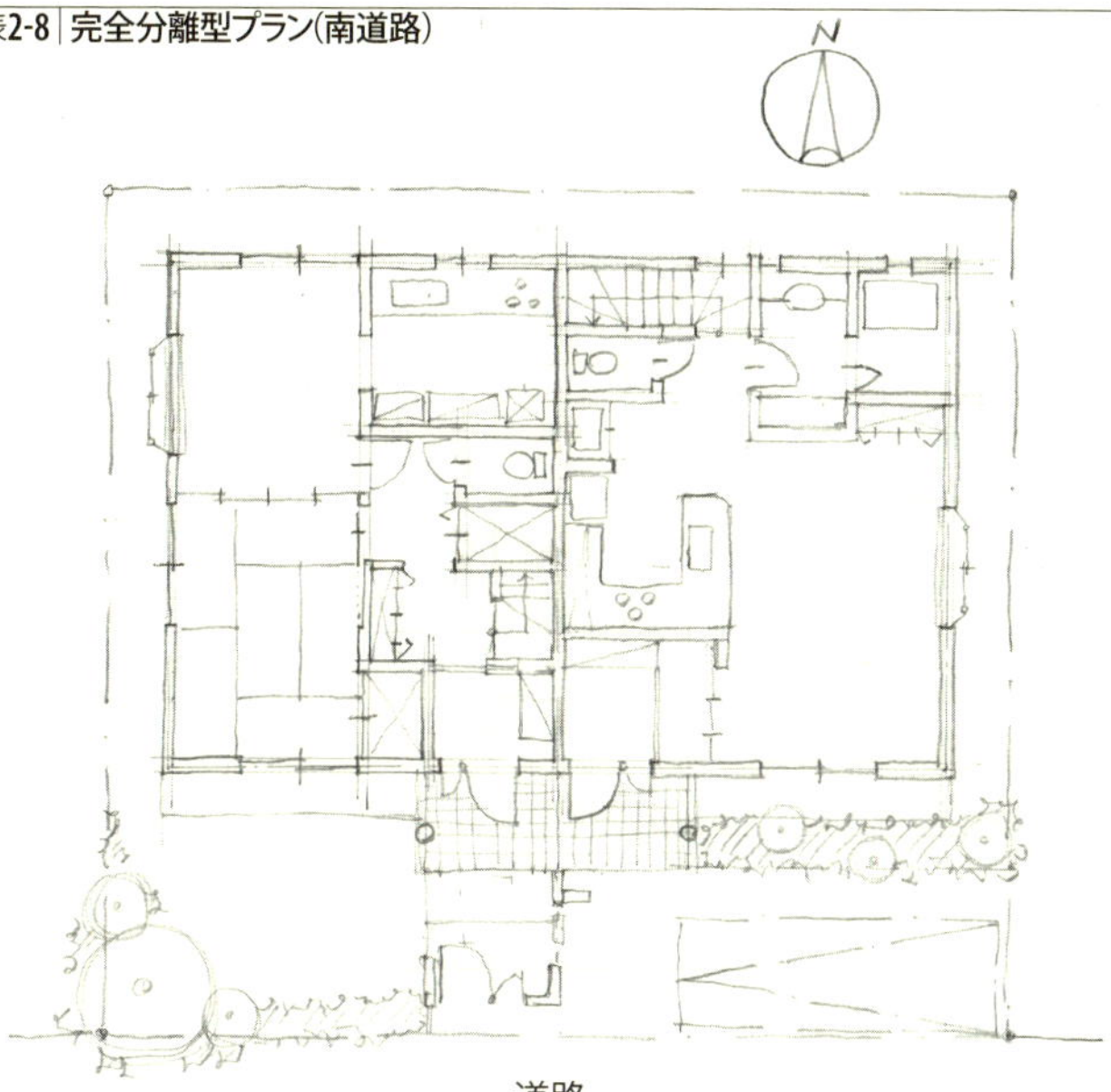

道路

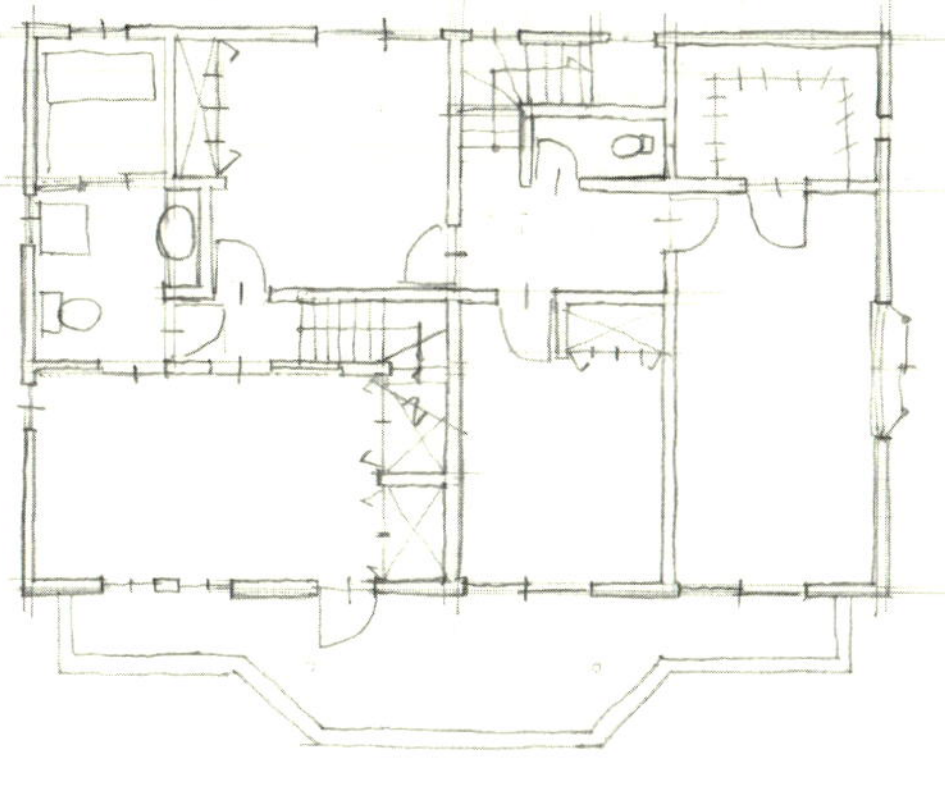

◆プライベートな庭ができる北側道路

北側道路のメリットは、プライベートな独立した庭が取れることです。しかし、日当たりを考えると、2階に親世帯や、家族が集まるリビングを配置するなどの検討が必要です。

北側には、水周りが配置されることが一般的なので、窓の小さい閉鎖的な外観となる可能性が高くなりますが、道路から規制を受ける道路斜線と北側斜線が同じ方向のため、建物面積を大きくとることができる可能性が高くなります。

◆道路に面する間口と奥行きでプランへの影響が大きい東西の道路

道路に対する間口が広い場合は、廊下が短く効率的にプランを建てることができます。更に北側からの斜線の影響も少なくなります。

間口が狭く奥行きが長い敷地は、北側からの斜線の影響を受け、容積を有効に使うことができません。

二世帯を完全分離型プランにする場合は、間口が広い敷地は、北側と南側の分離に、間口が狭い敷地は片方の世帯のアプローチが長くなります。

東側道路の場合は、朝日を取り入れる工夫を、西側の道路は西日への対策が必要となります。

図表2-9 完全共有型プラン(北道路)

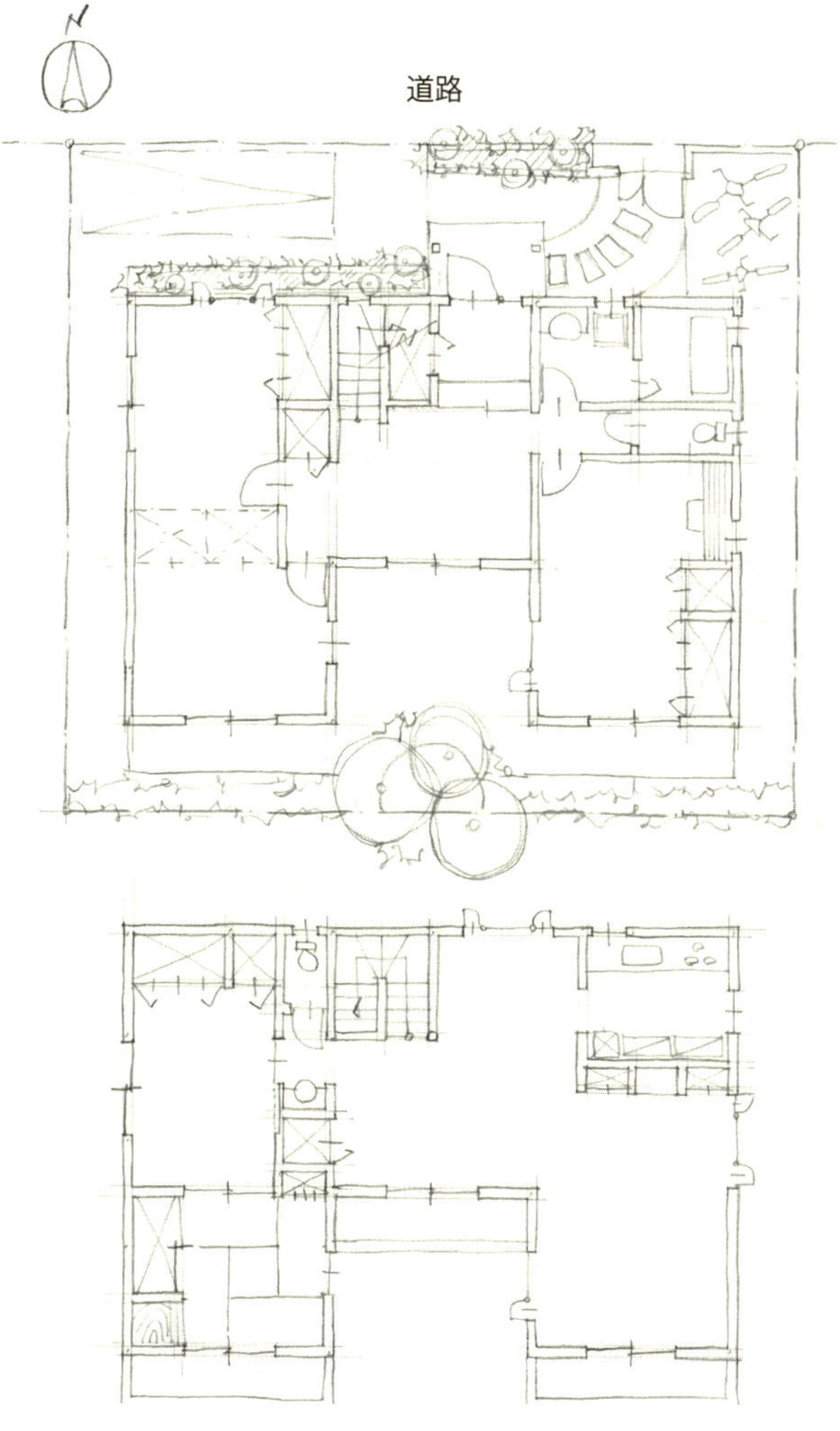

図表2-10 一部共有型プラン(東・西道路)

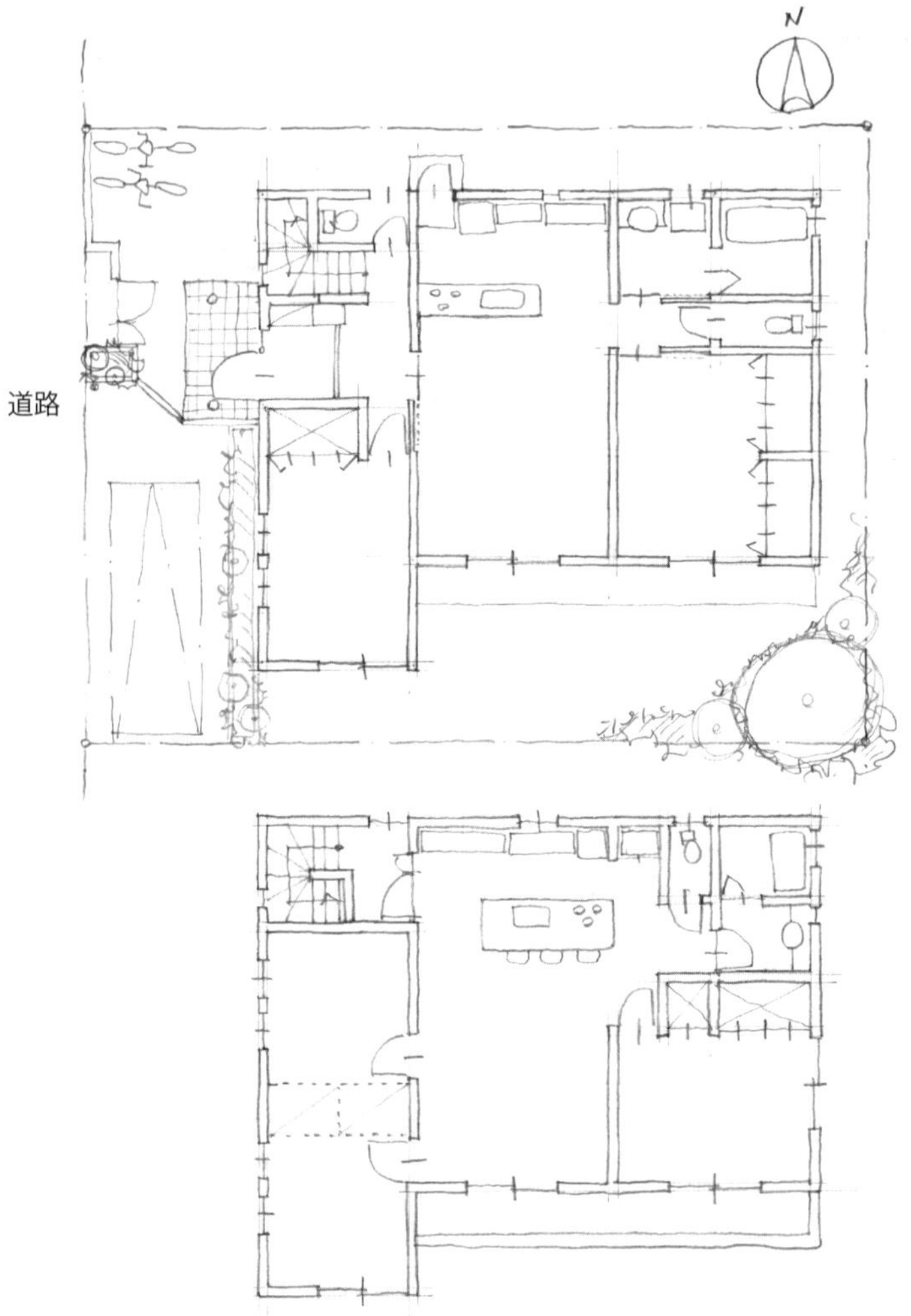

31 二世帯分の建物が建てられるのかチェックする

敷地調査表（付録A）8．敷地の関係法規

point

建てられる範囲と面積を確認し、実家の建物面積を比較することで、建物の大きさをイメージする。

用途地域を調べて計算

親の土地に、二世帯分の建物が建てられるかをチェックします。

建物の大きさは、都市計画区域内の土地に定められる、用途地域の制限で決まります。用途地域は役所の都市計画課で調べることができます。また、最近ではｗｅｂ公開しているところもあります。

建築できる大きさの上限は、次に定められています。

- 敷地に建てられる面積の割合（建蔽率）
- 敷地に対する建物合計の面積（容積率）

建蔽率と容積率から、どれだけの大きさの建物ができるかわかります。また、次の斜線制限などにより、建物の高さを制限され、容積を上限まで使うことができない場合もあります。

- 道路斜線
- 隣地斜線
- 北側斜線

簡単に言うと、「土地と言う二次元の平面上に、目に見えない斜線が立体的な三次元の空間を作り、その中の範囲で、かつ敷地に対して建築する面積を守り、家を建てなければならない」ということです。

これらは次の要素で変わります。

図表2-11　建蔽率と容積率の計算式

容積率の計算式　$\dfrac{\text{延床面積}}{\text{敷地面積}} \times 100 = \text{容積率}(\%)$

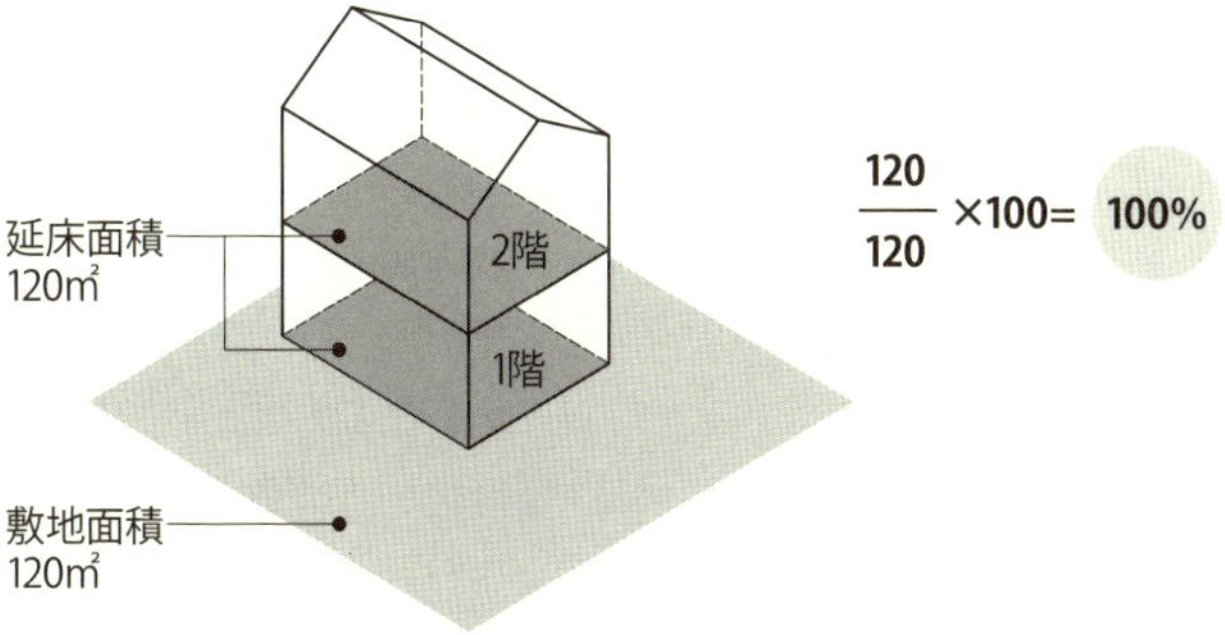

建蔽率の計算式　$\dfrac{\text{建築面積}}{\text{敷地面積}} \times 100 = \text{建蔽率}(\%)$

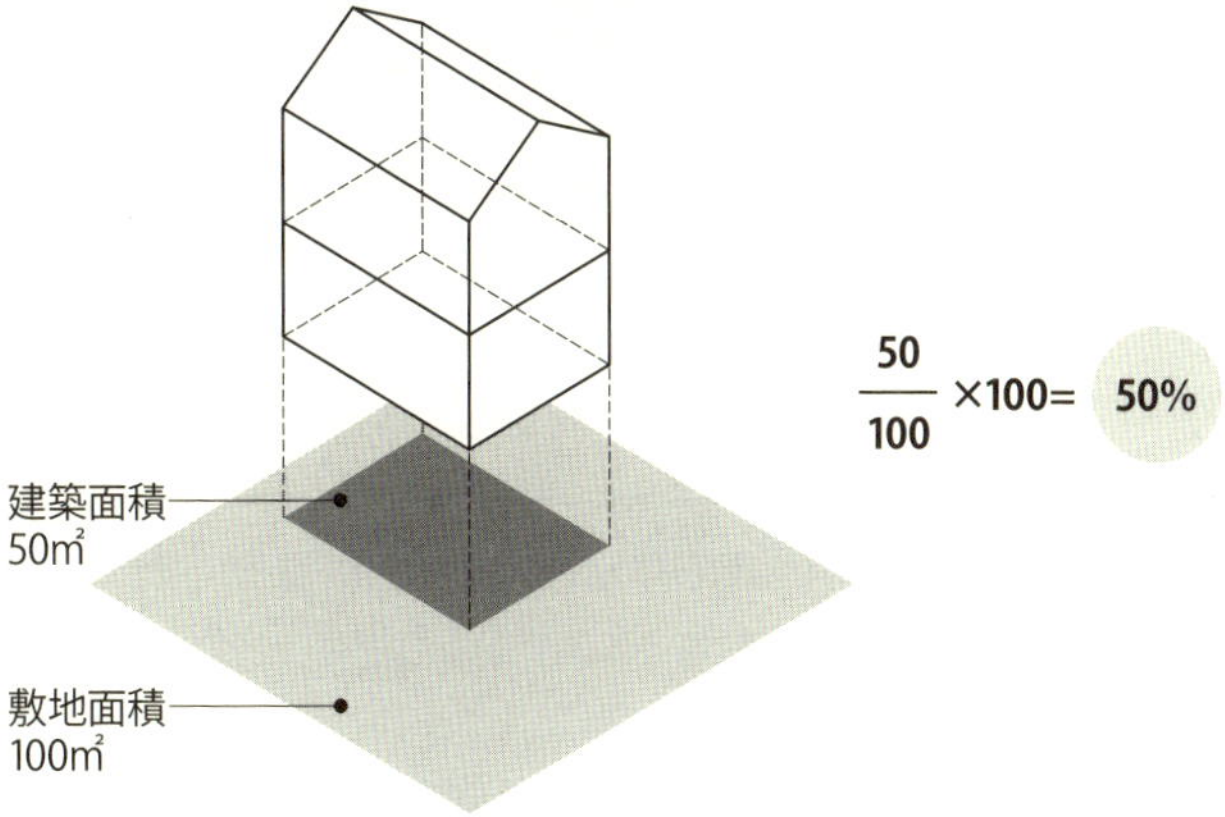

図表2-12 用途地域から建蔽率・容積率を調べる――都市計画課で調査

用途地域		
建蔽率		%
	角地適用がある場合:+10%	%
容積率		%
	道路制限: 道路幅員　m×住居系40%・その他60%×100=	%
		※少ないほうが実行容積率
建築面積	㎡×建蔽率　%=　㎡　※敷地に対する面積	
	※実家の1F面積と比較してみる	
延床面積	㎡×容積率　%=　㎡　※建物面積合計の限度	
	※実家の建物合計面積と比較してみる	

例)敷地面積:120㎡　道路幅員:4m

用途地域	第一種中高層住居専用地域	
建蔽率	(角地適用無し)	60 %
容積率		200 %
	道路制限:道路幅員 4 m×住居系40%×100=	160 %
		※容積率は160%

敷地面積に対する面積 120 ㎡×建蔽率 60 %= 72 ㎡

立てられる面積の合計 120 ㎡×容積率 160 %= 192 ㎡

目安の面積　30坪≒99㎡　40坪≒132㎡　50坪≒165㎡

図表2-13　斜線制限

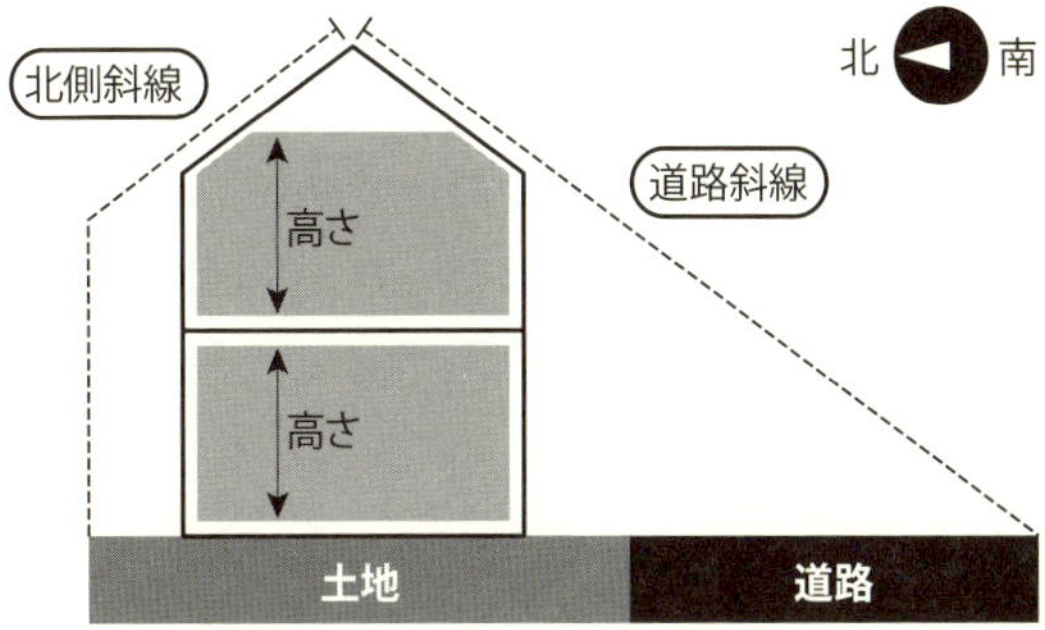

●敷地形状

●接道状況

●高低差

●方位

●土地がある用途地域

◆民法の制限

隣接地との境界近くには、民法で次の制限をしています。

●境界線から50㎝以上の距離をとる（民法２３４条）

●境界線から１ｍ未満にある、他人の宅地を見通すことのできる窓や縁側、ベランダに目隠しを設ける（民法２３５条）

図表2-14　建築できる範囲

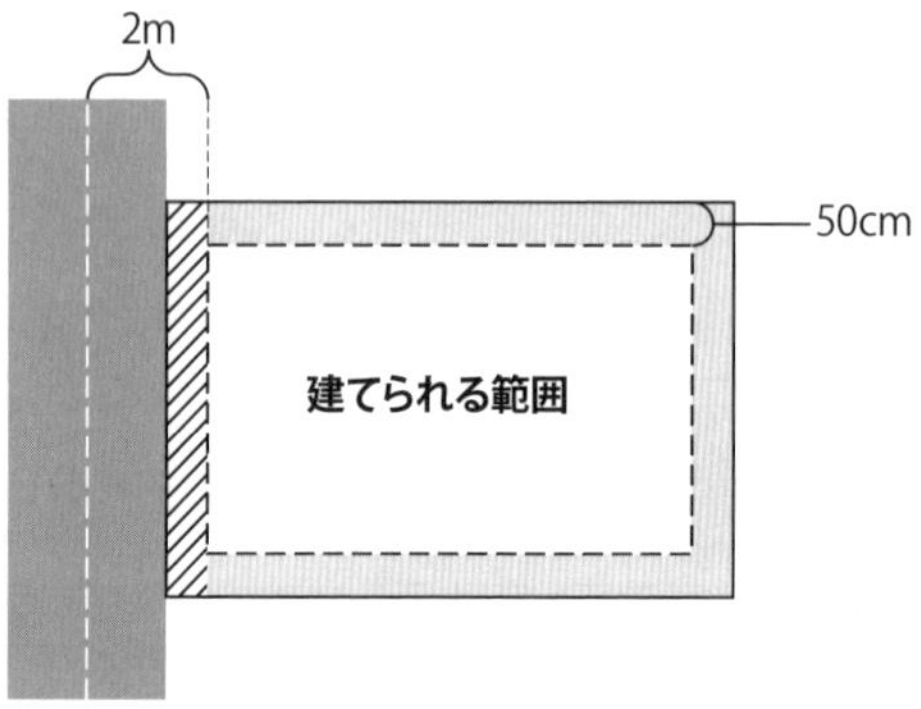

　ただし、規定と異なる習慣があるときは、その習慣に従うことができます（民法236条）。

　まずは、敷地と道路から、建てられる範囲と、建築できる面積を確認し、実家の建物と比較してみましょう。二世帯住宅の建物のおおよその大きさが、イメージできます。

32 水道の引き込みが13㎜なら取り換える必要がある

敷地調査表（付録A）7．ライフラインの確認

point

水道を引き込む口径で、取り付けることができる蛇口の数が変わる。二世帯住宅同居型の場合は、20㎜以上が必要となる。

水道メーターの口径で、蛇口の数が変わる

水道の引き込み管のメーター口径は、13㎜、20㎜、25㎜が一般的です。地域により水圧が違うので多少異なりますが、口径の違いにより、それぞれ蛇口の数がおおよそ決まっています。目安として13㎜で5～6ヵ所の蛇口の数、20㎜で12ヵ所の蛇口を設置することができます。

キッチン、洗面、浴室、洗濯機、トイレ、各1ヵ所で、すでに5ヵ所の蛇口が必要になります。最近の住まいではこの他に、食器洗い洗浄機、浴室シャワー、トイレ（2ヶ所目）や洗面手洗いの追加など考えると13㎜では足りず、20㎜とすることが多くなります。

特に二世帯住宅の場合は、水周りの設備が多くなります。20㎜、25㎜の口径が必要となります。独立型の二世帯住宅の場合、それぞれ水道管を引き込む方がいいでしょう。

◆引き直しには費用がかかる

しかし、今のような水回り設備が整っていなかった頃に建築した家には、13㎜の引き込みが多いため、前面道路に埋設されている本管から引き直す必要があります。工事費用は本管から敷地までの距離で変わりますので、道路のどこに本管が入っているのかで費用がかなり変わります。

水道管の口径は、敷地内にあるメーターボックスを開けると何ミリか書いてあります。

また、水道メーターの口径により料金も変わります。

図表2-15　水道メーター20mm例

33 ライフラインの引き込み経路を調べる

敷地調査表（付録A）7．ライフラインの確認

point

親が、土地を兄弟姉妹で分け合っている場合には、ライフラインが他人の土地を経由している可能性もあり、移設には費用がかかる。

生活に必要なライフラインを調べる

生活に必要なライフラインとは、上水道・下水道・ガス・電気があります。

親の土地に住まいを建築する場合は、基本的にライフラインは整っていると考えられますが、過去の相続で他人の敷地を経由してライフラインを引き込んでいる場合や、もしくは他人のライフラインが敷地を通っている場合があります。

他人の敷地にライフラインが通っている場合は、新しく単独でライフラインを引き直す対策

図表2-16 ライフラインの調査先

種類	調査先	資料
上水道	水道局	配管図・台帳
下水道	下水道局	下水道管理図
ガス	ガス会社	ガス配管図
電気	電力会社	―――

が必要になります。

また、他人のライフラインが敷地を通っている場合は、新築工事にも影響を与える可能性がありますので、どこに配管されているのか確認してください。

ライフラインの移設には費用がかかるので、事前に調査しましょう。

◆私設管は私道所有者に承諾が必要

敷地が私道に面している場合は、配管の権利関係と配管が埋設される道路の権利関係について調査が必要です。

私道に埋設される配管は、私道の所有者が配管した私設の可能性が高く、利用するには私道の所有者全員の承諾が必要となります。私道の持ち分を持っている必要があり、自分専用の私設管を引き込む場合でも、私道の所有者全員の承諾が必要となります。

◆電柱の移動は電力会社・NTTに相談

電柱や電線が敷地の前にあると、設置されている場所により、駐車場や玄関アプローチなどの間取りプランに影響を及ぼすことがあります。また、工事中にも邪魔になります。電柱等は移動できる場合もありますので、電力会社・NTTに相談してみましょう。

相談する際は、電柱に取り付けてあるプレートに電柱の持ち主が表示されていますので確認してください。

なお、移動の際には近隣に承諾が必要な場合もあります。

34

土地を買い替えるという選択肢

point

親子双方が条件を出し、1人が我慢しないように、時間的なゆとりを持ち、売却時期と資金計画をしっかりと立てる。

土地の調査から判断

土地の持つ性質と周辺環境調査の結果により、親子双方の条件が一致せず、妥協範囲も超える場合は、親の土地を売却し、条件に合った土地に買い替えるという選択肢もあります。

まず接道がなく建物が建てることができない土地は、明らかに他の土地を探すようになります。建物を建てられない土地は、売却も難しいので、土地と建物を取得するだけの資金計画をしっかり立てる必要があります。

その他に、次のような買い替えを考える要件があります。

- 妥協できる範囲を超えたプランになってしまう場合
- 地盤が弱く、大雨の際は浸水する恐れがある
- 日当たりや通風が悪い
- 道路と土地の高低差が大きい

親の土地で二世帯が生活するための、家族の安心と安全、健康な生活を送ることができる土地であるのかを考え、妥協できない範囲でしたら、買い替えを視野に入れましょう。

周辺環境の調査から判断

昔は、環境の良い場所であっても、何十年か経つと周辺の環境の変化で、条件は随分変わってきていると思います。利便性が良くなった半面、次のような、生活しにくい環境となっていることもあります。

- 繁華街になり落ち着いて生活できなくなった

● 幹線道路や工場の建設による公害の心配
● 近隣にマンションが建ち、日が当らなくなった
● 治安が悪くなった

その他に、通勤時間や日常生活で無理をせずに生活できる環境であるかを検討します。

新しい土地をさがす時は、親子双方が、条件を出し合い、予算を考えながら探すことになります。それぞれの希望に優先順位をつけ、誰かが1人我慢するのではなく、時間的なゆとりを持ち探します。

親の土地を売却して資金の一部にする場合は、すぐに土地が売却できるかわかりません。まず売却を先行し、資金計画を確定してから、新しい土地を探し始めることが無難です。

資金がある場合は、購入を先行できますから、希望に合った土地が見つかるまでじっくり探すことができます。一時的に、賃貸住宅へ住む無駄もなくなります。

35 買い替えるときの土地の選び方

point

情報収集は、不動産会社や周辺の地元の人に聞く。土地探しの基本は、親の土地を調査する項目と同様。

高齢になって有利な土地

「親にはいつまでも元気で幸せに生活をしてほしい」と願うことが、二世帯住宅の前提です。いずれは自分たちも年をとるのですから、親が住みやすい環境を優先的に考えることでスムースにまとまるでしょう。

親が住みやすい環境として、次の2つが挙げられると思います。

●社会とのかかわりを持てる環境
●医療機関が整っている環境

「社会とのかかわりを持てる環境」は、教育や文化、スポーツ、社会奉仕などを通じて社会とかかわりが持てる環境を調べます。

買い替える場合は、土地を購入して二世帯住宅を建てるというほかに、出不精にならないために駅近くのマンションを隣同士で購入することも選択肢のひとつです。

駅近くのマンションのメリットは、

●最寄り駅までの交通の便が良い
●生活の利便性が良く、施設が集中している
●将来、売却しやすい

などが挙げられます。
高齢になっても元気で活発に、そして、医療機関などが充実している、高齢者に優しい住ま

いの条件を考えてみましょう。

土地の履歴を調べる

地盤の弱い土地は、建物を建てるときに地盤改良や杭工事が必要になり、建設費用がかかります。地盤調査をしないと正確にはわかりませんが、水田や沼・池・川などを埋め立てて分譲している土地は、地盤が弱い可能性があるので確認しましょう。

方法としては、古い地図と新しい地図を照らし合わせ、土地の履歴を調べると参考になります。土地の履歴は地名の由来になっていることもあり、「沼」「川」「谷」「窪」などがついているところは要チェックです。このような土地は一般的に低地に多いので、国土交通省のホームページで閲覧できるハザードマップも参考になります。

また、工場やお墓の跡地を造成し分譲している場合もあります。不動産会社や土地周辺の方に確認しましょう。

第2章
チェックリスト

土地周辺の環境を調査しましたか?	Yes ・ No
敷地の境界を確認しましたか?	Yes ・ No
道路の幅を調査しましたか?	Yes ・ No
接道と接道の長さを確認しましたか?	Yes ・ No
隣地の状況を調査しましたか?	Yes ・ No
敷地の状況を調査しましたか?	Yes ・ No
接道の方位を確認しましたか?	Yes ・ No
敷地の関係法規を調査しましたか?	Yes ・ No
ライフラインの調査をしましたか?	Yes ・ No
土地が建物計画に問題はありませんか?	Yes ・ No

第3章

間取りで後悔しないポイント

36

親・子世帯のライフプランを作る

point

勝手と遠慮は後のトラブルとなる。お互いのライフプランを知り、自分達らしい生活に合った二世帯住宅の間取りパターンを探す。

住まい方は家族それぞれ

二世帯住宅には、大きく分けて「完全分離型」「一部共有型」「完全共有型」のパターンがあります。

土地の調査から、おおよそどの位の家が建てられるかによって、「狭いから、完全共有型しかない」と決めつけてしまうと、生活のイメージにずれが生じ、トラブルを引き起こすこともあります。

図表3-1　15坪の目安

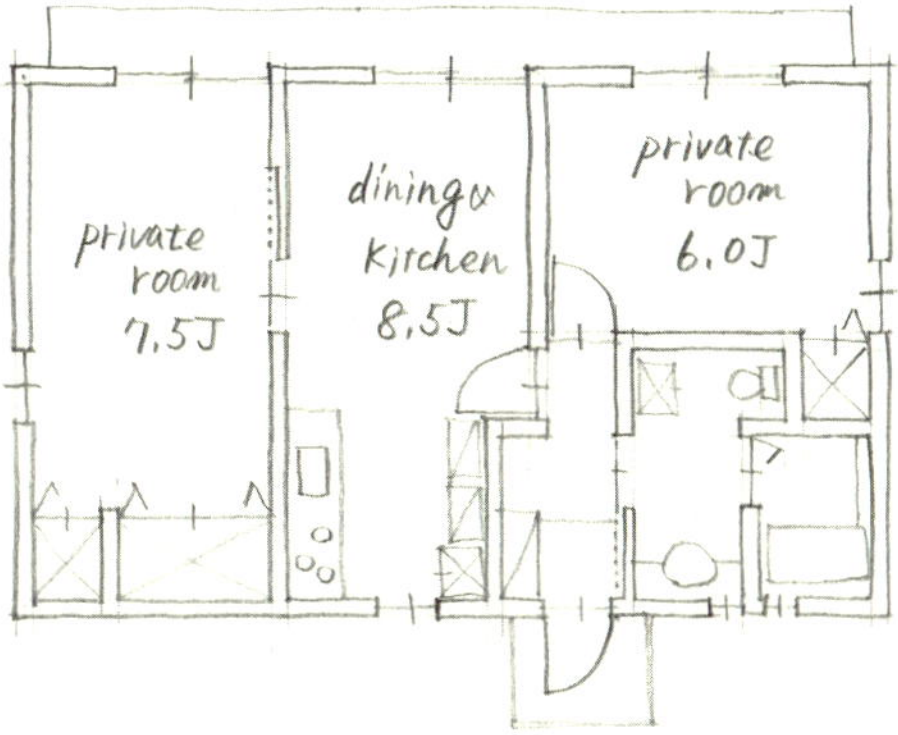

たとえば、建てられる面積が、30坪の場合、完全分離型ですと双方の面積は15坪ずつになります。目安として15坪では、6畳（3坪）の居室が2つ、8畳（4坪）のDKこれで10坪です。残りの5坪で水周りのお風呂、洗面所、トイレ、収納と玄関を配置するようになります。

同じ30坪でも「居室は1部屋でも構わないが、どうしても完全分離にしたい」「やっぱり広いリビングがほしいからLDKは共有にしたい」「狭いながらも楽しい我が家で完全共有型にしたい」など、家族それぞれのライフプランにより間取りプランは変わります。

勝手と遠慮はNG

「親は和室一間でいいから、自分たちの部屋を大きくしよう」「完全分離型は、費用がかかるし、自分たちのスペースが取れないから共有型でいい」と勝手に決めると後でトラブルになります。また、親も「あまり口出しをして、同居前からお嫁さんに嫌われてもいけないから黙っていよう」「お金は息子が出すから我慢しよう」という遠慮も後でトラブルになります。

いつまでも仲良く暮らせるように、お互いのライフプランとライフスタイル、ライフサイクルを明確にして、自分たちに合ったパターンと間取りを決めましょう。

ライフプラン

親世帯・子世帯それぞれのライフプランを作ってみます。親子でも、意外に知らなかった新発見ができると思います。

どんな暮らし方がしたいのかは、それぞれの価値観を考えてみます。「みんなで賑やかに暮らしたい」「夫婦のんびりと暮らしたい」「花に囲まれた生活がしたい」などです。夢や目標は、「定年後は夫婦で旅行三昧をしたい」「定年後NPO法人を立ち上げたい」「医者になりたい」「お料理教室を開きたい」など、それぞれです。

5年後・10年後とそれぞれの時間軸に沿って、自由に考えてみます。

図表3-2 どんな暮らし方をしたいのか、夢や目標を記入する

親世帯		子世帯
おじいちゃん:定年、SOHO開業 おばあちゃん:絵画コンクール入賞	5年後	パパ:FPの資格に合格 ママ:お料理教室をはじめる 一郎:中学生。野球チーム代表になる 花子:小学生。おばあちゃんと絵を習う
	10年後	
	15年後	
	20年後	
	25年後	

◆ライフプランからわかること

お互いのライフプランから、どんな暮らしをしたいのか、方向性を確認し合います。

子世帯が「みんなで賑やかに暮らしたい」と思っていても、親世帯が「子育ても終わり、のんびり夫婦で気楽に生活したい」と思っていれば、完全分離型が良いかもしれません。

「花に囲まれた生活がしたい」。しかし駐車場を作ったら庭がなくなってしまう。この場合は屋上緑化を考えるのもひとつの案です。

定年後NPO法人を立ち上げたければ、事務所スペースとなる部屋が玄関近くに必要かもしれません。

このように、お互いのライフプランを知り、二世帯住宅の間取りパターンや必要な部屋、設備などがわかります。

また、どちらかの世帯が勝手に間取りを決めてしまったり、遠慮して暮らし始めてから後悔することを防ぐことができます。

37 親・子世帯の生活スタイルを確認する

point

世代間のライフスタイルや価値観は違う。後悔しないためにも期待せず、相違点を認識して間取りへ生かす。

お互いに期待は禁物

二世帯住宅で暮らすことに、お互いさまざまな期待と夢を持ち計画を始めます。建物に関する期待や夢もありますが、親は子に、子は親に期待することも多くあります。

両親は、「子や孫と楽しく生活ができる」「家事を手伝ってもらえる」「もしもの時でも心強い」など期待し、子は「子供の面倒を見てもらえる」「家事を手伝ってもらえる」「生活費の負担をしてもらえる」など期待するでしょう。

お互いの期待が一致し現実となればいいのですが、期待はずれでお互いに不満を募らせては、幸せな生活はつかめません。

親は孫と楽しく生活したいけど、「毎週のカルチャースクールは欠かさず通いたい」「お友達と食事会に行きたい」と自由な生活もしたいと考えているのに対し、子は孫を預けて働きに行きたいと考えていたら、大きな期待はずれになります。

大勢で楽しい夕食を期待しても、子は仕事で帰りが遅く、孫は塾でいない。こんな期待はずれもあるかもしれません。

それぞれ価値観も違えばライフスタイルも違います。後で「こんなはずではなかった…」とならないために、多くの期待は禁物です。

ライフスタイルの相違点を認識し、間取りへ生かす

ライフスタイルの相違は、生活空間の配置にも大きく影響します。世代間によるライフスタイルのズレは初めからあると考えて、間取りプランの計画を進めましょう。

たとえば、親世帯は早寝早起きなのに対し、子は仕事の帰りが遅い場合です。親が寝た時間帯にお風呂や食事になると、親の寝室の上階や隣にお風呂場やキッチンが配置されていたら、うるさくて寝られません。子も寝ている親に気遣って帰宅するよりも、玄関を別々にした間取

図表3-3　ライフスタイル

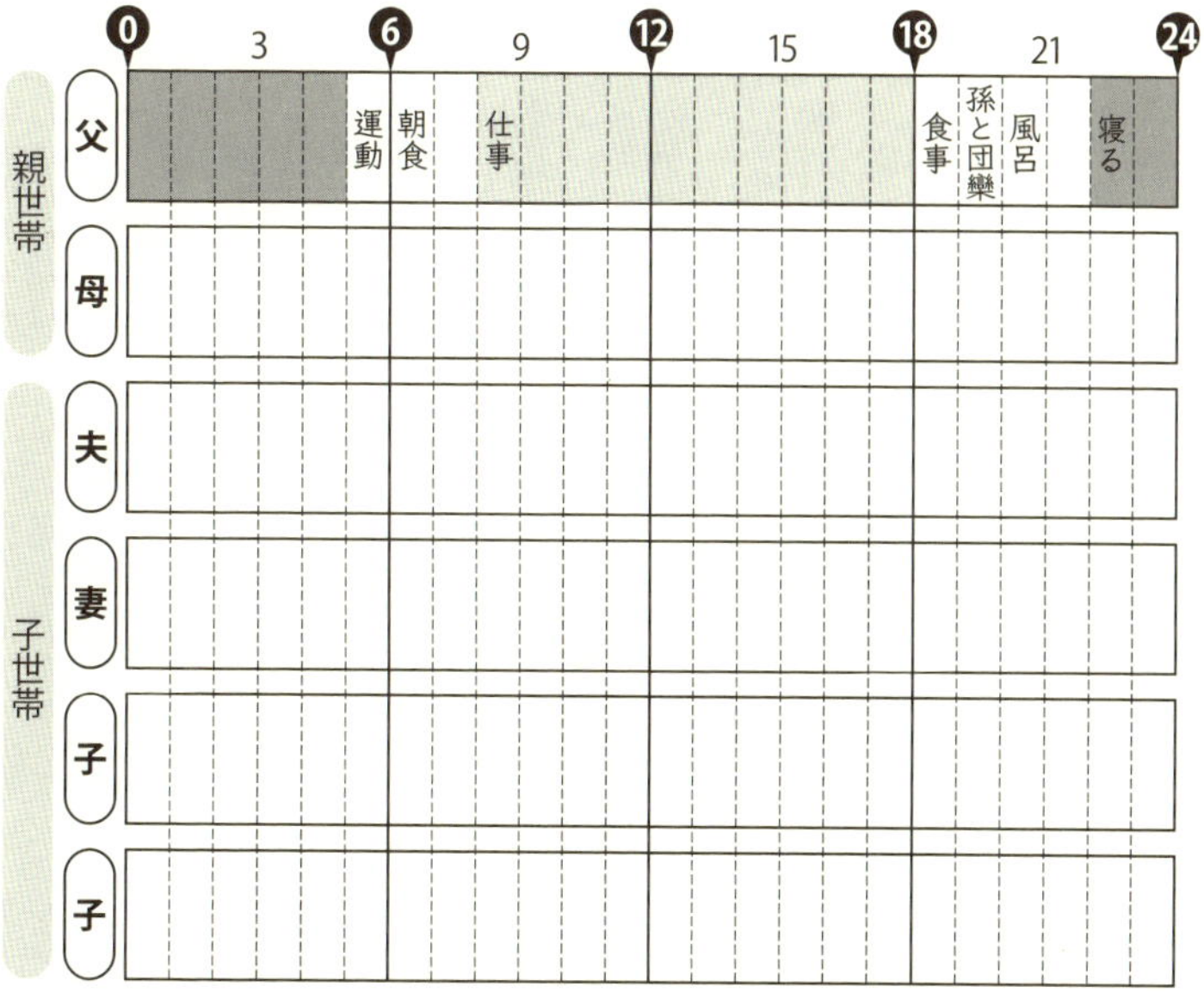

	父	母	夫	妻	子
平日の過ごし方	仕事				
休日の過ごし方	家庭菜園				
趣味・習い事	写真				
来客頻度	少ない				
食事のスタイル	魚中心				
その他	毎朝ウォーキング				

りプランが良いかもしれません。

食生活が違えば、キッチンは2つ、孫はお爺ちゃんとお風呂に入るのであれば、共有のお風呂でいいかもしれません。

それぞれのライフスタイルから、次のことが整理されます。

- 共有の部屋
- 上下、左右の部屋の取り合い
- 生活動線

「建築資金が少ないからすべて共有にしよう」「食事の支度は親に頼みたいからキッチンは1つにしよう」というお金や期待からの視点の他に、ライフスタイルなど視点を変えて整理することで、楽しい二世帯住宅の暮らしがつかめるでしょう。

ライフスタイルの違いを認識し、お互いにプライバシーとほど良い関係を保つ間取りプランに役立ててください。

38 後悔しないためにも要望はリストにまとめる

point

ライフプランとライフスタイルをまとめ、家族全員で話し合い、優先順位をつけ、要望をまとめる。

今の住まいからヒントを得る

新しい住まいへの要望をまとめようとしても、漠然としてまとまらないかもしれません。そんなときは、住宅展示場やマンションの展示場へ見学に行き、イメージをつかむこともひとつの手段です。また、今の住まいからいい点・悪い点（不満）を出してみるとより現実に近い具体的なイメージがつかめるでしょう。

建物内部は、それぞれの部屋で、これからの住まいにも取り入れたい「いい点」、使い勝手などが悪い「不満点」をそれぞれ挙げます。扉のひらき勝手やコンセントの位置、スイッチの位置、収納量も忘れずに記入しましょう。

外部は、駐車場の位置やアプローチ、庭の使い方などです。普段の生活習慣も合わせて書き出してみましょう。

新しい住まいの要望をまとめる

建築予算や建物の構造（鉄筋コンクリート・鉄骨・ツーバイフォー・在来軸組など）に関する要望もまとめましょう。また、入居希望日などの要望も付け加えると、スケジュールの目標が立てやすくなります。

建物内部のまとめる要望は、次の項目です。

- 玄関は、下駄箱収納や広さ、意外とスイッチの位置に失敗するケースがあります
- 階段と廊下は、幅や手すり、照明の位置。階段の周り段や勾配
- リビングは、広がりや日当たり、風通し、眺望、家具や家電製品の配置
- ダイニングは、キッチンとリビングとの取り合いと、家具や家電製品の配置
- キッチンは、使い勝手と家具や家電製品の配置

●各居室は、収納と家具の配置
●浴室、洗面所、トイレは、広さや機能、位置

新しい住まいへの要望へも、コンセント・照明の数と位置、インテリア、収納場所と量を、それぞれ動線計画も含め考えてみましょう。

外部では、建物の外観や外構を含む玄関アプローチのイメージ、駐車場台数や庭の使い方などが挙げられます。

それぞれ誰の要望で優先順位はどうなのかもみんなで話し合ってみましょう。

希望するイメージが掲載されている、雑誌やパンフレットなどの資料があれば、印をつけてわかるようにしておくといいでしょう。

また、ほしい設備（太陽光発電・エコキュート・床暖房など）も同様に、パンフレットなど集めておきましょう。

	改善したい点	収納	コンセントの数と位置	スイッチの位置

	改善したい点

図表3-4　今の住まいのいい点・悪い点

室内	広さ	いい点	悪い点
玄関			
階段			
廊下			
リビング			
ダイニング			
キッチン			
寝室❶			
寝室❷			
トイレ			
洗面所			
浴室			

室外	広さ	いい点	悪い点
玄関			
玄関アプローチ			
庭外部水栓			
外観			

住まいで重視するポイント
◎:重要　○:やや重要

	優先順位		優先順位		優先順位
外観		自然素材		コスト	
バリアフリー		家相		構造	
オール電化		設備機器		可変性	
省エネ性能		住宅性能			

	収納の広さ	イメージ インテリア	コンセントの 数と位置	方針

図表3-5　新しい家

二世帯住宅への要望

建築予算			万円
入居希望日	年	月	ごろ
外観イメージ			
アプローチ			
庭			
駐車場			台

室内	広さ	要望事項	誰の	優先順位
玄関				
階段				
廊下				
リビング				
ダイニング				
キッチン				
寝室❶				
寝室❷				
トイレ				
洗面所				
浴室				

39 二世帯住宅の基本パターンを知ろう

point

要望リストの作成を進めると、自分たちに合った二世帯住宅のパターンが見えてくる。

3つの基本パターンのメリット・デメリット

ひとつの建物にライフスタイルの違う二世帯が、快適にいつまでも円満に暮らすために、自分たちに合った二世帯住宅のパターンを探します。パターンは、「完全分離型」「一部共有型」「完全共有型」の3つです。

まずは、パターン別のメリット・デメリットを理解します。

◆完全分離型

完全分離は「上下」もしくは「左右」による分離になります。感覚としては、マンションのお隣さんイメージです。

完全分離型は、親世帯・子世帯ともに区分所有で登記することで、固定資産税、都市計画税、登録免許税などの軽減措置がそれぞれにあります。また、親世帯・子世帯それぞれ気兼ねなくプライバシーを保ち、生活できることが最大のメリットです。

特に左右分離は上下階で起こる音の問題もなくなります。面積に余裕があれば左右分離の二世帯住宅がお勧めです。左右分離のデメリットは、階段を2つ必要とし、その分プライベートな居室が狭くなる点です。

上下分離は音への配慮は必要なものの、左右分離よりも階段が内部でひとつ、もしくは外部階段とすることができますので、面積的に余裕ができます。更に、フラットな生活ができるため、動線にも無駄がなく、高齢になっても生活しやすい間取りとなります。

光熱費などのランニングコストは、それぞれが契約することになりますので、二世帯同居のメリットはなくなります。

敷地の使い方として、双方に駐車場スペース、玄関アプローチが必要となりますので、工夫が必要です。

◆一部共有型

一部共有型は、「玄関」「キッチン」「リビング・ダイニング」「お風呂」などを一部もしくは複合して共有にするタイプです。

一部共有型は、しっかり家族で話し合い決めないと、将来、中途半端な使い勝手の悪い間取りになってしまう恐れがあります。しかし、完全共有型よりもプライバシーを保つことができます。二世帯の家族のライフプランに合わせて共有の部分を決めることで、快適な暮らしを実現することができます。

◆完全共有型

親世帯・子世帯が大家族で暮らす、日本古来の住まい方です。大勢で賑やかに暮らせることが最大のメリットです。また、分離型に比べ、設備機器が重複しないため、建築コストが抑えられます。光熱費も共有となるため、基本料金の部分が節約できます。

室内空間は共有部分が多いため、その分、リビングなどのみんなが集まる部屋や、プライベートな空間を有効に使うことができます。一方、プライバシーの確保が難しくなります。お互いのプライベート空間を離したプランにするなどの工夫しましょう。

お互いのプライバシーを尊重し、ほど良い距離感で生活できる、パターンを探してください。

図表3-6　パターン別メリット・デメリット

		メリット	デメリット
完全分離型	上下	●フラットな生活空間のため、高齢になっても生活がしやすい ●プライバシーが保たれる ●将来賃貸として利用できる ●区分登記が出来、税制面で優遇あり	●設備が2つずつコストがかかる ●上階の音の対策が必要（防音設備・間取りの工夫）
	左右	●水回り・収納を隣接させるとプライバシーが高く保たれる ●将来賃貸として利用できる ●区分登記が出来、税制面で優遇あり	●設備が2つずつコストがかかる ●階段も2つ必要になり、居室スペースが狭くなる
一部共有型	玄関	●機能面ではプライバシーが保たれる ●最低限の交流の場になる	●2世帯分の広さと下駄箱の大きさが必要 ●お互いに気兼ねして外出
	キッチン	●家事の協働 ●家庭の味を引き継ぐ	●食文化の違い ●食材の管理ルールが必要 ●食事の時間帯の違い
	リビング	●大勢で団欒を楽しむ	●落ち着かない
	お風呂	●光熱費の節約	●掃除管理ルールが必要 ●マナーの配慮が必要
	トイレ	―――	●時間帯の利用バッティング
	その他	●家族のふれあいの場（趣味室など）	―――
完全共有型		●賑やかな生活を過ごせる ●建築費用が抑えられる ●光熱費などのランニングコストを抑えられる	●プライバシーの確保が難しい

40

ゾーニングで効率的な部屋の配置を考える

point

ライフスタイルと敷地の特徴からのゾーニングによるシミュレーションは、暮らしやすい間取りを手にする第一歩。

ゾーニングとは

家の中の構成として、大きく分けて親世帯ゾーン・子世帯ゾーンと共有ゾーンになります。更に、機能や用途によって寝室など個別のプライベートゾーン、リビングやダイニングなどのパブリックゾーン、そしてお風呂やトイレなど衛生空間のサービスゾーンと分かれています。

これらの各ゾーンを、どのように配置するかをシミュレーションして、全体のイメージをつかみます。これをゾーニングと呼び、細かいプランの前に行います。

ゾーニングは、敷地の特徴を生かし、家族の生活に合わせて配置をイメージします。

◆二世帯の家族それぞれの生活に合わせたゾーニング

二世帯住宅の各ゾーンの配置は、まず共有ゾーンから、それぞれ親世帯ゾーン・子世帯ゾーンがどのような関係で生活するのかを検討します。次に、ライフスタイルを考慮して配置してみます。

たとえば、母親が「花に囲まれた生活をしたい」と要望があれば、庭に続く寝室やリビングを配置するといいでしょう。日当たりや通風を考えて、家族がいつも集まる場所を中心に配置します。

また、ライフスタイルから使い勝手のいい動線計画のシミュレーションも行います。たとえば、共働きで食事の支度をしながら洗濯もしたい要望であれば、キッチンと水周りを近くに配置する動線計画を取り入れます。その他に、子供が玄関から直接部屋に直行しないようにリビングを経由する動線や、高齢になるとトイレが近くなるので、寝室とトイレの動線などです。

普段の生活を考えて、行ったり来たりしないような工夫や、距離が長い配置などにならないように効率のよい、生活して使いやすい動線計画のシミュレーションを行います。

上下階や隣接する部屋からの音へ配慮するなどの、親世帯・子世帯のライフスタイルの違いによる配置も検討が必要です。

図表3-7 ゾーニング

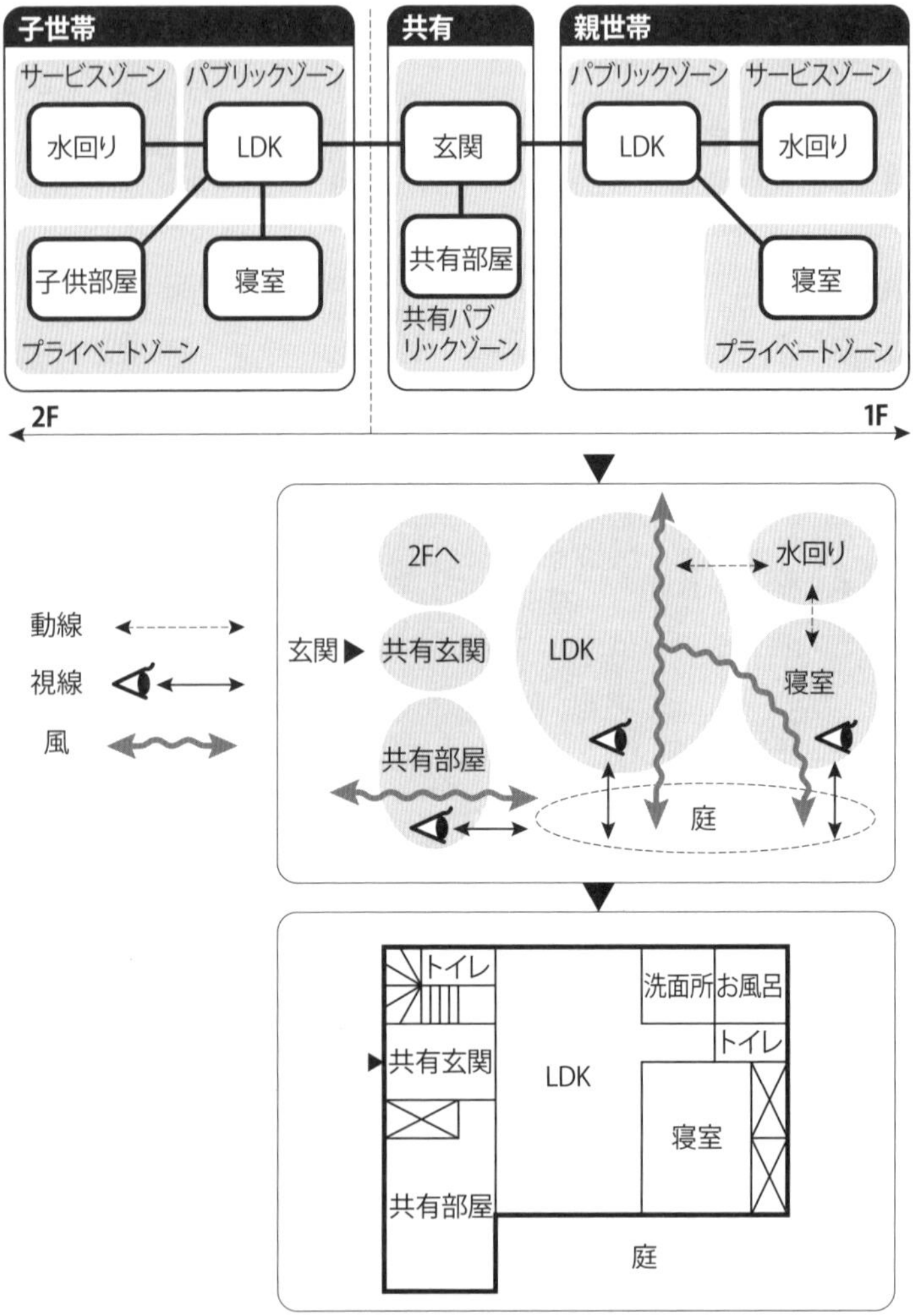
子世帯
サービスゾーン
パブリックゾーン
水回り
LDK
子供部屋
寝室
プライベートゾーン
共有
玄関
共有部屋
共有パブリックゾーン
親世帯
パブリックゾーン
サービスゾーン
LDK
水回り
寝室
プライベートゾーン
2F
1F
動線
視線
風
2Fへ
玄関▶
共有玄関
共有部屋
LDK
水回り
寝室
庭
トイレ
洗面所
お風呂
トイレ
共有玄関
LDK
寝室
共有部屋
庭

◆敷地から考えるゾーニング

道路の方位と敷地の個性、近隣の状況からゾーニングシミュレーションをしてみます。敷地に対して、どのように建物を配置するのか、また庭の景色や視線の広がり、駐車場や玄関アプローチの配置と、道路からの視線も考慮します。

都心部など住まいが密集している敷地では、2階の日当たりのいいところへ、リビングや親の部屋などを配置することもよくあることです。更に、吹き抜けなど空間を立体的に考えて、日当たりや通風を確保することもできます。

隣地からの視線が気になる場合は、植樹での対応や、気になる隣地の方には窓を設けない、もしくは窓を小さくするなどの対応方法が、検討する項目になります。

道路からの視線も同様ですが、注意点として、視線を気にして塀や植樹の高いものを配置すると、防犯上よくありません。防犯対策は、隠れるところをなくすことがポイントです。

効率のよい家事動線を計画

毎日の生活で、家事動線の計画は欠かせません。たとえば、「洗濯→干す→取り込む→たたむ・アイロンをかける→しまう」、この流れの中で、どのような動きになるのかを普段の生活から考えてみます。

その際に、収納場所も一緒に検討します。洗濯ものを干すときの洗濯ばさみやハンガーはどこにしまうの？　アイロンはどこでかけてどこにしまうの？　などです。

キッチンの動線も欠かせません。「準備→調理→配膳→食事→片づけ→洗う→しまう→ゴミの保管とゴミ捨て」、これらの一連の流れです。

冷蔵庫・食器の位置だけでなく、親子でキッチンに立つ場合の空間の広さや調理スペースも考慮します。

家事効率を高めるには、キッチンの近くに洗面・脱衣所・浴室・勝手口・サービスヤード・洗濯干し場などを配置すると良いでしょう。

まずは、大きくゾーニングで検討し、優先順位とライフスタイルから詳細なイメージを作っていきましょう。

41 リフォームのメリット・デメリット

point

建物の構造や状態を専門家にチェックする。希望の間取りプランと建物の耐用年数、資金計画からリフォームか建て替えか、どちらかを決める。

リフォームの3つの注意点

木造の建物でも、しっかりメンテナンスが行き届いている住まいを、20年程度で壊すことは「もったいない」気もします。特に同居型の場合では、キッチンやお風呂、トイレなどの設備を新しくしたり、バリアフリー対応にするなどのリフォームを検討することが多いでしょう。

建て替えの場合は、今の住まいを取り壊す解体費用の他に、引っ越し・仮住まい・登記費用と、一番大きな建築費用がかかります。一方リフォームは、こだわりたい部分へ予算をかける

図表3-8 リフォームと建替えのメリット・デメリット

	メリット	デメリット
リフォーム	●建替えより総額が安くなる場合がある ●引っ越しや仮住まいをしなくても出来る場合がある ●こだわりの部分に費用をかけることが出来る	●既存の構造・状況により建替えよりも総額費用が高くなる可能性がある ●構造によりプランの制約を受ける ●工事費が割高（一部壊して作る、手間工事が多い）
建替え	●プランの自由度が高い ●現建築基準法に合わせた構造躯体の設計 ●最新の工法・設備を取り入れることが出来る	●解体費用、引っ越し、仮住まいの費用がかかる ●現建築基準法に合わせ、建築できる面積が小さくなる可能性がある

ことができ、建て替えよりも総額は安く済む場合もありますが、工事単価は割高になります。

リフォームは、次の3つの注意点を踏まえて検討してください。

①建物の構造や状態をチェック
②希望の間取りが無理なくリフォームできるかチェック
③総額費用と耐用年数の検討

◆建物の構造や状態をチェックする

地盤が弱く、基礎が土に沈み、建物自体が傾いてしまっているときは、地盤改良や杭工事などが必要となります。基礎を引き上げて修繕することも可能ですが、建物自体もゆがみが出ていることが多く、かなりの工事費用になります。

シロアリや腐食による被害は、建物の耐震性に問題があります。土台や柱などの構造部材の取り換えなど大規模な工事となり、費用もかかります。

特に昭和56年以前の建築基準法改正前の建物は構造の規制が緩かったため、耐震診断を行ってください。状況により耐震リフォームにかなりの費用がかかる場合があります。また、ライフラインの老朽化や設備増加に伴い水道メーターの口径が足りないこともあります。

建物の構造や状態のチェックは専門家に依頼し、どれだけの工事と費用がかかるのかを確認します。また、工事により建物の耐用年数がどれだけ伸びるのかを診断してもらうことをお勧めします。

◆希望の間取りが無理なくリフォームできるか

今の建物の構造により、壁や柱を移動することができず、思うような間取りができない場合があります。たとえば、「ダイニングキッチンに接する和室を、リビングにして広がりを見せたい」と思っても壁や柱を取り除くことが構造的に難しい、できたとしても構造計算や工事に多くの費用がかかる場合があります。

また、「廊下や階段の幅を少し広げたい」という場合も、壁や柱の構造が絡むようでしたら簡単にはできません。

無理なリフォームは建物の構造にも負担をかけますし、工事費用も高額になってしまいます。

◆総合的な判断が必要

リフォームの場合は、工事費用だけでなく、実際にかかる総額の費用と耐用年数で比較検討してください。また、生活の快適さ、ランニングコストの検討も必要です。

たとえば、部屋・廊下・トイレなどの温度差は、血管の収縮により脳卒中などを引き起こす場合もあります。

最新の建物は性能が高く、温度差が少なくなっています。同じ性能までリフォームで対応できるのか、暖房器具などの設備で対応するのか、その場合の設置する設備費用と、ランニングコストはいくらかかるのかなど、さまざまな角度から総合的な判断が必要となります。

まずは、専門家に建物診断を依頼してください。

42 1階は親世帯の先入観は捨てる

point

固定概念や先入観にとらわれず、自分たちに合った元気で生き生きとした生活ができるのかという視点から考える。

1階親世帯・2階子世帯

二世帯住宅の間取りは、親世帯が1階・子世帯が2階が少なくありません。高齢になって「階段の上り下りが大変だから」という理由が多いと思いますが、そんな先入観は捨てて、自分たちの生活に合った、間取りプランを考えてみることを優先させた方が、後悔しない納得の住まいを手に入れることができます。

眺望や日当たりのよい特等席を親に

親の土地を利用して、住まいを建てることは、高齢になる親の心配もありますが、子世帯が土地と建物両方を取得することが困難になっていることも理由のひとつでしょう。

親が今まで苦労して、手に入れ守ってきた住まいです。元気なうちは眺望や日当たりがいい2階の特等席で親に過ごしてもらい、階段の上り下りが大変になったら入れ替わるという選択肢もあります。余裕があれば、エレベーターの設置がお勧めです。

日ごろ階段を使うことは、適度な運動になり体も丈夫になります。足腰や腹部の筋力アップは、高齢者の転倒予防になります。最終的に介護も必要のない健康で、生き生きとした生活をしてもらえれば、双方にとって一番いいことです。

親の寝室は和室という先入観

和室でゆっくりと、お茶を飲みながらくつろぐ習慣が日本人にはありますが、だからといって親の寝室は和室がいいとは限りません。

畳に敷いた布団で寝ると、布団から立ち上がるときの動作は腰やひざに負担がかかります。どうしても畳に布団を敷いて寝たいという場合は、畳ベットの利用や、空間に余裕があれば、寝室の一部を高くして畳コーナーを設けるなど、間取りプランを工夫します。それにより、体に優しい生活を楽しむことができます。

間取りプランは、他の家族には過ごしやすくても、自分たちが過ごしやすいとは限りません。「一般的」「普通は」の視点ではなく自分たちらしい生活を見つけてください。

43 世代間の触れ合いの場とプライバシーの確保

point

いつまでも家族みんなが幸せに楽しく暮らすために、触れ合いの場とプライバシーの確保ができる部屋、それぞれのバランスが大切。

触れ合いの場は家族それぞれ違う

二世帯住宅は、家族がみんな幸せに楽しく暮らすことを目的とした住まいです。家族それぞれのライフスタイルが違っても、自分たちらしい触れ合いの場を設けることで、いつまでも楽しく暮らす生活ができます。

家族の触れ合いの場は、ルールがあるわけではありません。家族みんなで「ここを触れ合いの場に」とすればいいのです。

毎日大勢が集まる生活の中から、子供の教育や躾を希望するのなら、リビングが触れ合いの場として候補にあがります。食事をしながら会話を楽しみたければ、キッチン・ダイニングが触れ合いの場になるでしょう。

普段の生活は、両世帯とも独立し、休日だけ一緒に過ごしたければ、庭にテラスや共通の趣味の部屋を設けたりすることもいいでしょう。

プライバシーの確保も忘れない

プライバシーに対しての感覚は、家族・人それぞれ違うと思います。思春期の子供でも、親が部屋に入ることを嫌う子もいれば、親が掃除をしてくれることを望む子もいます。

親子の間でもプライバシーについては喧嘩になったりすることもあります。

二世帯住宅は、子の配偶者も一緒に生活します。血のつながりがない分、いったんトラブルになると簡単に関係修復はできなくなります。

子世帯が共働きで、忙しそうだからといって「部屋を掃除してあげた」、子世帯が外出しているときに雨が降ってきたので寝室を通り「洗濯ものを取り込んであげた」。親にしてみれば、親切心かもしれませんが見られたくない、入ってほしくない部屋はあります。夫婦げんかもお互いに聞かれたくないでしょう。

部屋のドアに鍵をかける方法もあります。後から取り付けると相手が気分を害すことがありますので、最初から取り付けたほうがいいでしょう。

お互いのプライバシーを守るために、事前にルールを作りましょう。

完全分離型の二世帯住宅では、プライバシーの確保は上下階、隣接する部屋への配慮で高く保つことができますが、触れ合いの場には工夫が必要となります。

完全共有型や一部共有型の場合は、触れ合いの場を挟んでプライバシーを確保できる部屋を配置します。

更に「部屋は誰がどこまで掃除するのか」「食事の仕度や買い物は」「入っていい部屋と駄目な部屋は」など、それぞれルールを決めることで、生活しやすい住まいを作ることができます。

44 地下室でゆとりの空間を作る

point

地下室・車庫は、面積を緩和することができる。コストとメリット・デメリットの比較検討が必要。

地下室は敷地面積を最大限に活用できる

敷地の条件により、建物を建てられる面積が決まります。しかし、「触れ合いの場やプライベート空間をもう少し広くしたい」ときは、地下室が希望をかなえてくれます。

地下室は、延床面積の3分の1を上限に、容積の緩和を受けることができます。

図表3-9 | 地下容積の緩和

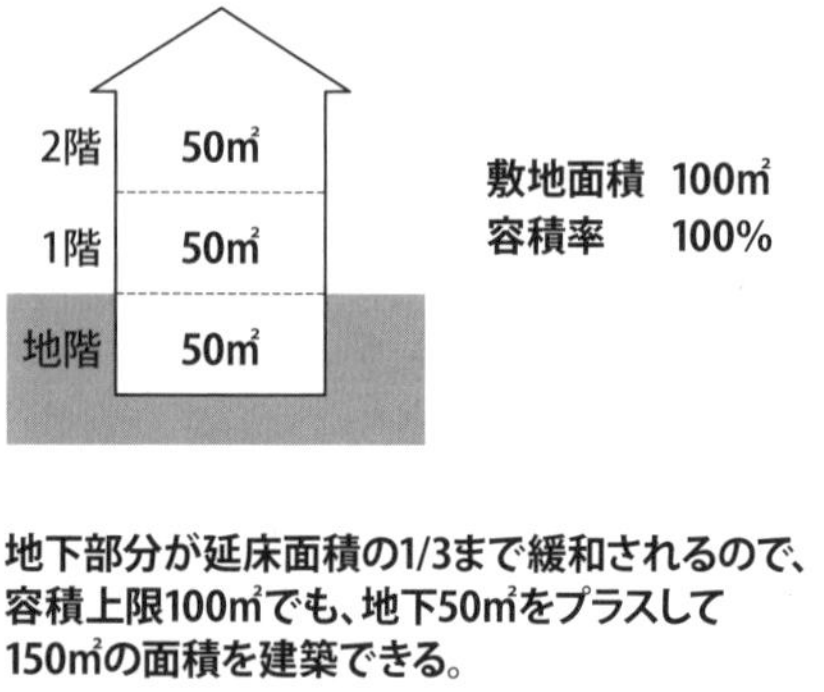

図表3-10 | 半地下の定義とドライエリア規定

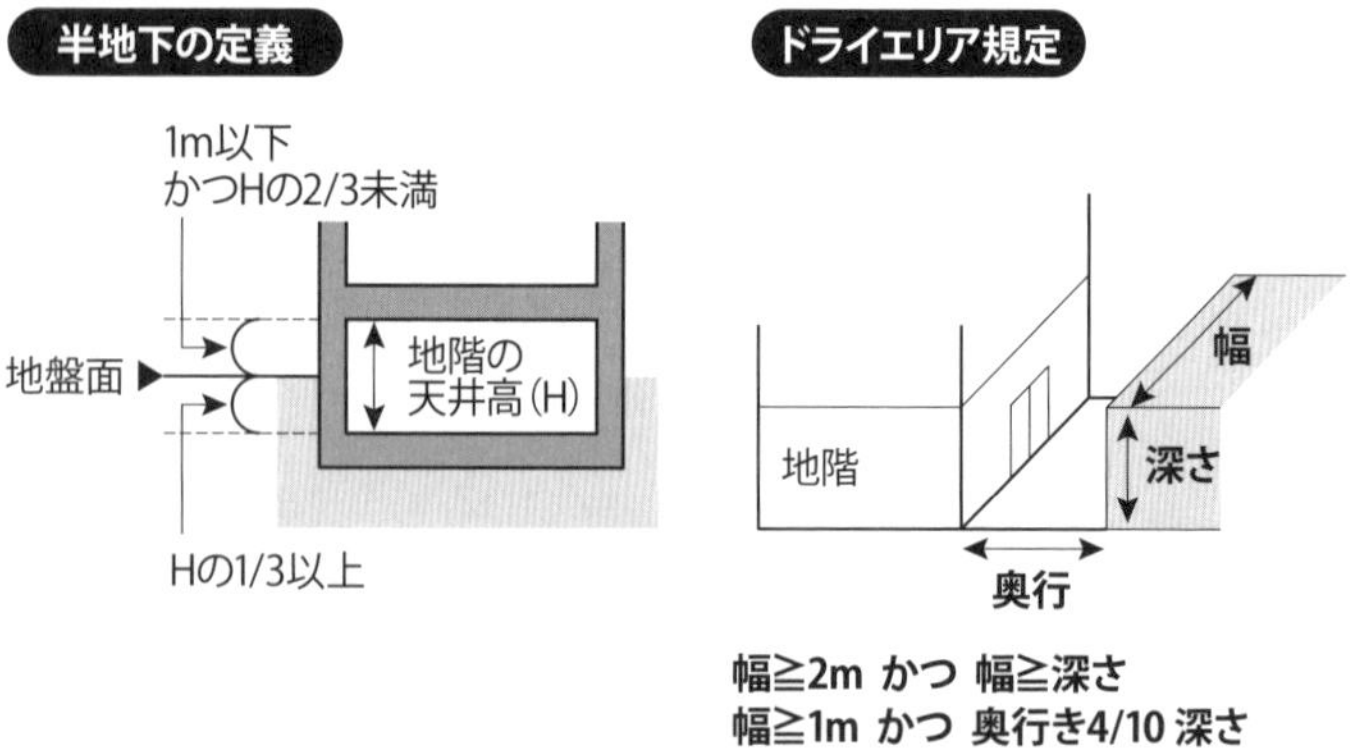

◆地下室を居室にすることも可能

地下室は、地上の建物と違い外気温に左右されにくく、夏は涼しく・冬は暖かです。また土に覆われているため遮音性や防音性に優れ、オーディオルームやシアタールームなどのプラスアルファの空間にもなりますし、食品やワイン貯蔵庫としても有効です。寝室などの用途にも、外部からの視線が入りにくいため、プライバシーが保たれ向いています。

地下室は、地盤深く掘り下げて作るため、一般の布基礎・べた基礎に比べ、地震の影響を受けにくくなります。しかし、地上へ建築する建物部分より割高になり、排水や換気などの設備とランニングコストがかかります。地下室を設ける分、建築面積を小さくし、更に庭や駐車場を確保するなどの工夫次第でコストを低く抑え、ゆとりの空間を作ることができます。

ただし、居室として利用するには、防湿と防水に関して一定の基準があり、また採光や通風ができる設計が必要です。

地下室には3つのタイプがある

地下室を作るとき、次の3つのタイプがあります。

●半地下タイプ：完全に地下部分が埋め込まれなくても天井高と地下となっている部分の

深さが建築基準法の規定を満たせば地下室となる

- 全地下室タイプ：自然の採光や通風が取れないため居室としては使えない。主な用途は倉庫や貯蔵室
- ドライエリア付き全地下室タイプ：地下居室とする前を掘り下げ、自然の採光と通風をとる

それぞれ居室として利用できるかの有無とコストが違います。また、半地下やドライエリア付きの場合は、高さ制限の注意が必要となります。

地下室のタイプのメリット・デメリットを比較して、ライフスタイルに合った地下室を検討してください。

敷地に高低差がある場合は、それを生かして地下室を作ることで、敷地のデメリットも解消されます。

ビルトイン駐車場にも容積緩和がある

容積緩和のもうひとつは、建物の一部に駐車場が組み込まれている場合、住まいの部分と駐車場部分の面積を足した合計の5分の1まで面積が緩和されます。

図表3-11　地下室のメリット・デメリット

	メリット	デメリット
地下室全般	●土地の有効活用（容積緩和） ●外気温の影響を受けにくい ●遮音性、防音性に優れている ●耐震性に優れている	●コストがかかる（地上の建物より） ●排水設備などのランニングコストが必要 ●結露対策が必要
半地下タイプ 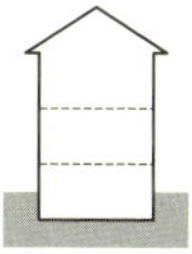	●コストを抑えられる ●居室を作ることができる	●室内もしくは玄関ポーチに高低差ができる
全地下室タイプ 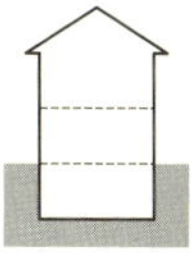	●外気温の影響を最も受けにくい	●居室をは不可 ●換気設備が必要
全地下室 ドライエリアタイプ 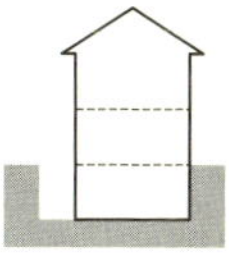	●自然採光や自然換気が出来る ●外部への広がり感がある ●居室を作ることが出来る	●他のタイプに比べ遮音性や防音性に劣る ●もっともコストがかかる

45

二世帯分の荷物

point

荷物は、それぞれの家族が自分の意思で整理。収納は用途と利用する場所により、場所と奥行きや高さなどを決める。

荷物を捨てられない親世代

二世帯の家族が一緒に生活するのですから、当然に家具、電化製品、本や食器、衣類など、荷物も2倍になります。お互いに荷物の整理をしなければ納まりきれないことが少なくありません。荷物整理は、個人の性格にもよりますが、若い世代はクールに荷物を整理しますが、親世代はなかなか捨てることができず時間もかかります。

長い人生の間には、親の形見から子供の修学旅行のお土産、記念日に買った思い出の品など、どうしても捨てることができない物があります。それを古いものだから、使い道がないものだからといって、子世帯が口を出すことは避け、多少時間をかけてでも、現実に収納できるスペースを建築家を交え話し合い、納得してもらうようにしましょう。

まずは大きな家具からリストを活用し、新しい住まいに持っていくもの、捨てるものを考え始めます。

用途に合わせた収納スペースを作る

収納には、日常使うもの・使わない物との区別や布団、食器、本など、さまざまな用途と使う場所により収納場所や奥行きを決めます。また、収納家具を使うのか作り付けにするのかを決め、作り付けの場合は、棚の有無と棚の高さや奥行き、扉の有無など、使い勝手により決めていきます。

◆壁面収納

壁面収納とは、壁面に家具を置き収納することです。

部屋を明るく風通しを良くしたいと考え、窓を大きく配置したい。また、大きく開口するクローゼットがほしいなどと思うかもしれません。しかし、窓やドアなどの開口部分ばかりです

子世帯	家具の種類（家電含む）	数	寸法（幅W:奥行きD:高さH）	備考（既存・新規・置く場所など）
キッチン				
ダイニング				
リビング				
寝室				
子供部屋				
子供部屋				
納戸				
その他の部屋				

図表3-12　新しい住まいで使う家具リスト（案）

親世帯	家具の種類（家電含む）	数	寸法（幅W:奥行きD:高さH）	備考（既存・新規・置く場所など）
キッチン				
ダイニング				
リビング				
寝室				
和室				
納戸				
その他の部屋				
その他の部屋				

と、家具を配置する場所がなくなってしまいます。また、ベットや化粧台、机などの家具の配置にも困ります。部屋の窓は家具の配置する場所を考え、位置や形状を決めましょう。

壁面収納は、間取り図と同じ寸法に縮尺した、家具の大きさをボール紙などで切り取り、シミュレーションしてみるとわかりやすいです。

壁面の工夫は、建物内部の壁で、地震や台風の横揺れから守る、筋かいが入る耐力壁以外の壁には、本や小物を収納する棚を作ることもできます（外断熱工法の場合は外壁側も可能）。

◆ロフト・小屋裏

ロフトや小屋裏収納は、高さが1・4ｍの制限がありますが、直下の床面積の2分の1までは、階にもならず、床面積にも算入されません。しかし、一般的に梯子を使って荷物の出し入れをします。梯子は足元が不安定なので、高齢者や力のない女性には重たい荷物を上げることは危険です。また、一度収納してしまうとそのまま忘れてしまう可能性があります。室内の天井を勾配にして見えるロフト形式にするなど工夫しましょう。

その他、階段下・床下（地下収納）など、さまざまな工夫があります。限られた住まいの面積の中で収納場所を確保するのですから、すべては要望通りにはいかないかもしれません。リストを作成し、建築家に相談しながら収納場所や収納の仕方などを決めていきましょう。

46

バリアフリーの考え方

point

住む人が必要になったときに、必要な場所に施す準備が大切。

初めから重装備にしない

住まいに対するバリアフリーというと、段差をなくす、手すりをつけるなどを思い浮かべると思います。高齢になると、つま先が上がらなくなり足腰も弱ってきます。また、幼い子供にとってもつまずいて怪我をする危険もありますので、確かに段差はない方がいいです。

では、手すりはどうでしょうか？　たとえば、右手に障害が起きたとき、トイレには使うことのできる左側に手すりが必要となります。最初に右側に取り付けてあったら移動する必要があります。

手すりは高さや太さも関係します。身長が180センチの人と150センチの人では高さが違います。

手すりは下地を取り付ける

室内の手すりは、つたい歩きする場合と立ち上がる場合では設置方法や高さが違います。廊下の手すりなどは、一般的に立ち上がった状態で、手を下した手首の位置あたりが目安です。立ち上がる場合は、座っている物の高さにより変わりますが、一般的には約70センチです。手すりの太さは、歩いている場合は約3・5センチ、垂直な手すりを使って立ち上がるときは約3センチが目安です。

前記しましたが、廊下などの手すりは最初から設置せずに後で取り付けられるよう、壁に合板などの下地を入れておくように住宅会社に依頼しましょう。黙っていると石膏ボードの下地になってしまい、釘やビスが効かなく、後から取り付ける場合に、下地から交換になってしまいます。

初めから重装備にするよりも、必要になったときに必要な場所に、段階的に施す準備が大切なのです。

年寄り扱いしない

両親と一緒に生活を始めるからといって、過保護に年寄り扱いはしない方がいいでしょう。買い物や食事会、ボランティアや趣味のサークルなど、親が興味があれば、どんどん外に出てもらい、社会とのかかわりや生きがいを持ってもらうことが、元気でいつまでも若くいられるのです。

家の中でも同じです。日当たりの好い季節を感じる景色が素敵な2階で階段を使った生活をし、足腰を鍛える。母親が花を育てることが好きならば、丹精込めて育てた花を、道を通る人に見てもらえればうれしくなりますから、北側の玄関でも花壇をひとつ作る。このような、少しの思いやりで、いつまでも元気で生き甲斐のある生活をしてもらえる工夫はたくさんあります。

トイレは寝室の近くに配置する

年をとり多少不自由になっても、なるべく子供に迷惑をかけずに、自力で生活したいと考えている人が多いです。自立しやすい環境は、後から設置できるものもありますが、最初の基本プランから取り入れた方がいい場合もあります。

たとえば、トイレの位置です。高齢になると、どうしてもトイレが近くなります。寝室とトイレが建物の両側に分かれていたら、夜中に起きてトイレまで我慢できないこともあります。このような経験は、自分自身が情けなくなり老け込む原因ともなります。寝室とトイレは近くに配置しましょう。

トイレのドアは内開きにしない

トイレのドアの開き勝手で、内開きは避けましょう。トイレの空間は狭いため、万が一、中で倒れた場合に、倒れた体でドアを開けることができなくなることがあります。引き戸はその心配はありませんが、トイレ側に引き込む場合、手すりの取り付けにドアが邪魔になることがあります。

段差は色分けで工夫する

室内の段差は、子供にも若い世代にもないほうが安全です。しかし、どうしても段差ができてしまう場合や、普段何気なく通り過ごしてしまう中途半端な段差は、うっかりつまずいてしまいますので、「ここは段差があるから、ちゃんと足を上げないと危険」と認識でき、更に手すりを設置できるようにしておきましょう。

また、高齢になると視力も衰えてきます。照明による工夫もできますが、玄関アプローチなど外部では、ポーチタイルの色を、交互に色分けすると識別しやすくなります。

第3章
チェックリスト

ライフプランを作りましたか?	Yes ・ No
ライフスタイルを確認し合いましたか?	Yes ・ No
要望をリストにまとめましたか?	Yes ・ No
二世帯間取りパターンを決めましたか?	Yes ・ No
間取りイメージを掴みましたか?	Yes ・ No
間取り計画の注意点を確認しましたか?	Yes ・ No
地下室の検討をしましたか?	Yes ・ No
荷物の整理と収納量を確認しましたか?	Yes ・ No
バリアフリーの検討をしましたか?	Yes ・ No

第4章

資金計画は甘えずに思いやりを持つ

47 二世帯住宅の登記方法は、資金計画や相続にまで影響がある

point

建物の登記方法と出資比率（資金計画）、間取りパターンには、密接な関係がある。

3つの登記方法

登記とは、土地・建物それぞれの権利を公示するものです。親の土地を利用して二世帯住宅を建てる場合は、土地は親名義で登記されています。建物の登記方法は、誰がいくら出資するのかにも関係し、税金も変わります。また、後々の相続まで考えて、登記方法を次の3つから選びます。

図表4-1｜登記・間取・出資の関係

		間取りパターン			出資		
		完全分離型	一部共有型	完全共有型	親世帯	子世帯	共同
登記	区分登記	○	×	×	贈与	贈与	○＊1
	共有登記	○	○	○	贈与	贈与	○＊2
	単独登記	○	○	○	○＊3	○＊4	贈与

＊1　完全分離型の場合のみ区分登記が出来る
＊2　出資割合に応じて共有登記する。
　　 出資割合以上にどちらかが多く持ち分を持つと贈与になる
＊3　親世帯の単独登記　＊4　子世帯の単独登記

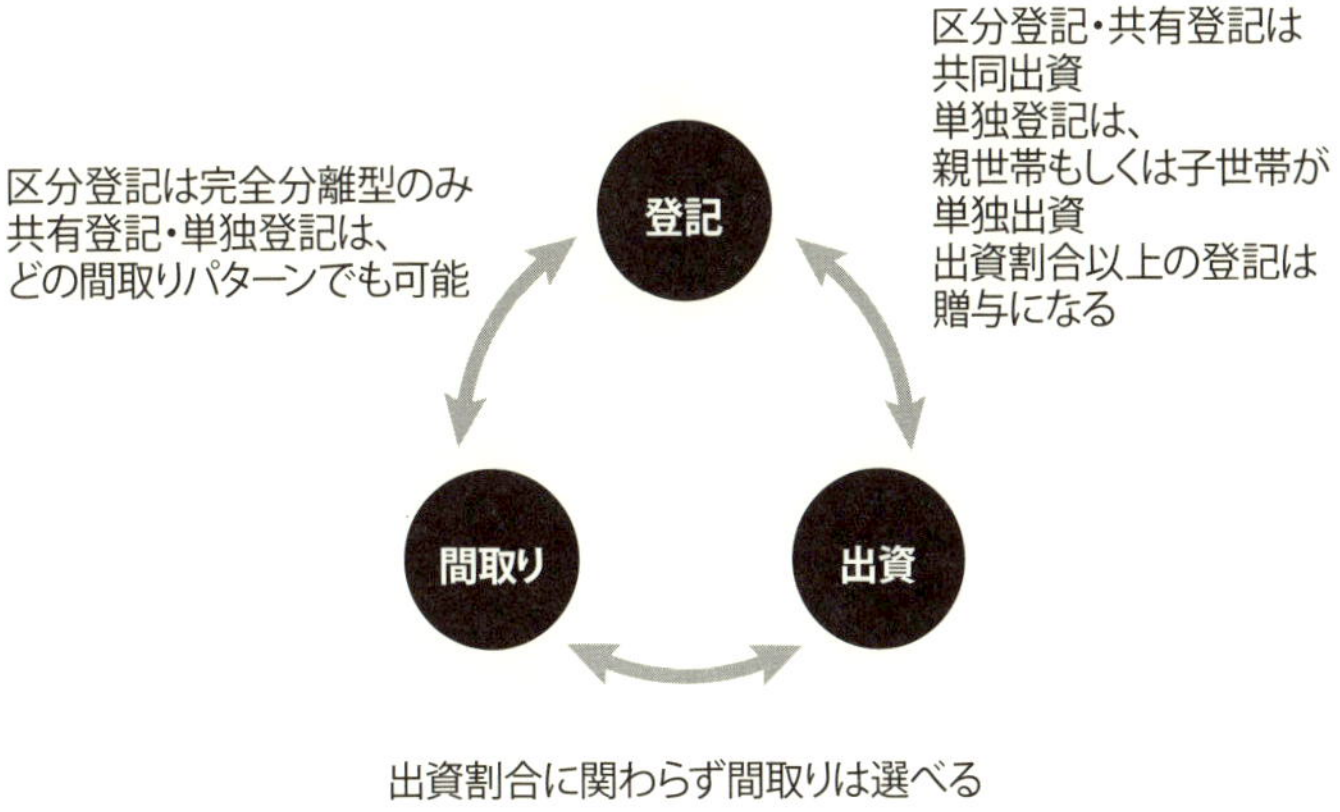
区分登記・共有登記は
共同出資
単独登記は、
親世帯もしくは子世帯が
単独出資
出資割合以上の登記は
贈与になる
区分登記は完全分離型のみ
共有登記・単独登記は、
どの間取りパターンでも可能
登記
間取り
出資
出資割合に関わらず間取りは選べる

図表4-2　共有登記の持ち分

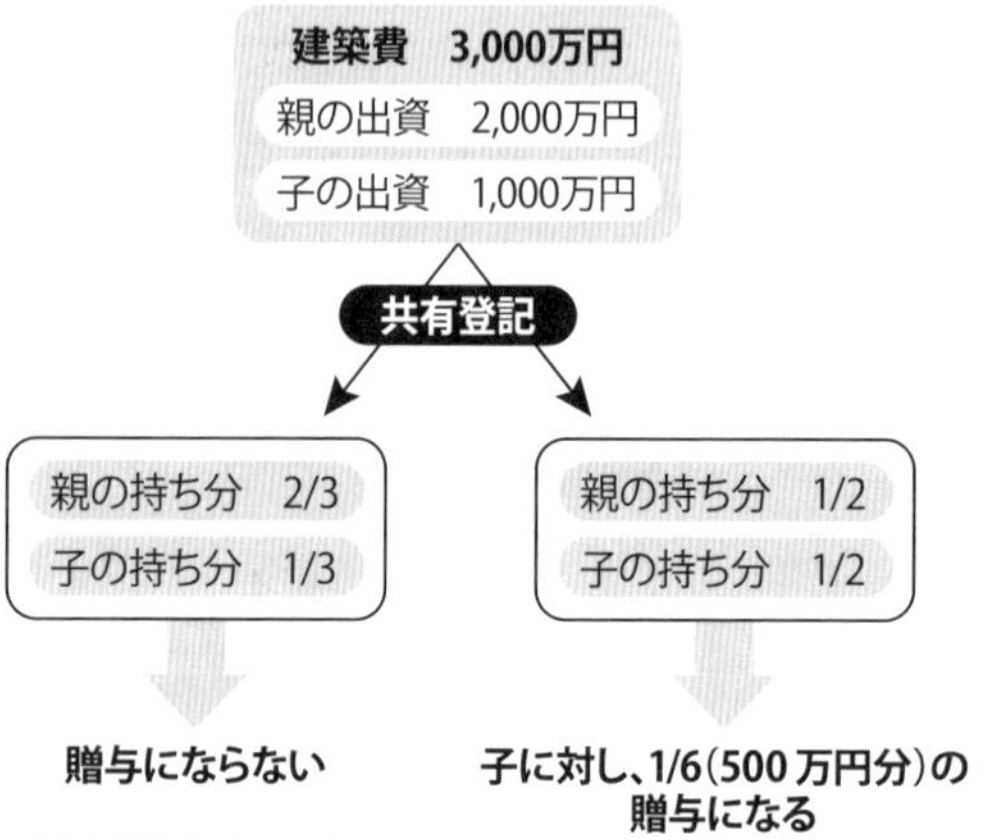

① 区分登記
② 共有登記
③ 単独登記

❶ 区分登記

完全分離型の建物を親世帯・子世帯それぞれが区分して所有権を持ち、登記する方法です。

区分登記する場合は「構造上それぞれが独立していること」「機能がそれぞれ独立して生活ができること」が条件となります。

区分登記できる建物でも、共有登記や単独登記とすることもできます。

❷ 共有登記

ひとつの二世帯住宅を、複数の名義で登記する方法です。たとえば、建築総額

3000万円の資金を、父親が2000万円、残りの1000万円を子が払う場合は、父親の持ち分は3分の2、子は3分の1と、それぞれ出資比率に応じて登記します。

❸単独登記

1人の名義で登記する方法です。一般的には資金をすべて負担した人の名義とします。

親世帯、もしくは子世帯が全部出資する場合は、一般的に単独登記になります。共同で出資した場合は、共有登記または区分登記になります。しかし、間取りパターンが完全分離型ではなければ区分登記はできません。

登記は、出資割合に応じた持ち分を行わないと贈与（18「子への生前贈与」96～103ページ参照）になります。

このように、登記は間取りパターンや出資割合（資金計画）と密接な関係があり、更に相続や贈与にも影響しますので、事前に決めましょう。

3つの出資方法

二世帯住宅の場合の建築費用について、出資のパターンは次の3つがあります。

①親世帯が全部出資
②子世帯が全部出資
③共同で出資

それぞれ、どのような出資割合でも、「完全分離型」「一部共有型」「完全共有型」の間取パターンから選ぶことができます。

完全分離型の「区分登記」で独立採算の資金計画

区分登記が可能なのは「完全分離型」の間取りパターンだけです。この場合は、親世帯と子世帯が、それぞれ自分たちの住む部分の建物負担に応じて出資します。

極端な話ですが、親世帯はお金があるので、自分たちが住む部分の建物外装はレンガ張りで内装や設備もグレードを上げ、一方、子世帯は外装をサイディング張りで内装や設備も量産品でコストを下げる、ということができます。構造躯体に関しては同じ建物なので統一になります。

完全分離型は、住まい方も独立し、資金計画も「共同で二世帯住宅を建てる」というよりも、それぞれ独立採算で資金計画を立てるイメージです。

区分登記は、税金も資金面も2世帯分の優遇あり

税金面では、登録免許税、不動産取得税、固定資産税などに軽減措置（図表4－3）があります。この軽減措置を受ける場合の要件として、床面積の制限があります。

二世帯住宅の場合は、建物面積が大きくなってしまう傾向ですが、区分登記の場合は、各世帯の登記面積で特例を受けることができます。

また、住宅ローンも親世帯・子世帯それぞれ二世帯分で借りることができて、住宅ローン減税もそれぞれが適用になります。

親子・夫婦で力を合わせて資金計画する「共有登記」

一方、「一部共有型」もしくは「完全共有型」の間取りは親子一緒に協働で生活し、資金計画も協力して計画します。出資の方法としては、次の3つがあります。

- 親が頭金を出し、残りを子が住宅ローンで用意する
- それぞれが頭金を出し、残りを住宅ローンで用意する

図表4-3 軽減措置の適用要件

		減税措置 一般住宅	減税措置 長期優良住宅	主な用件
登録免許税	保存登記	0.15% ＊1	0.1% ＊2	❶その者が主として居住用とすること ❷新築または取得してから1年以内に登記する ❸床面積が50㎡以上 ❹登記の際に住宅用家屋証明書を提出
登録免許税	移転登記	0.30% ＊1	0.1% ＊2	
不動産取得税	控除額	1,200万円（固定資産税評価額−1,200万円）×3% ＊2	1,300万円（固定資産税評価額−1,300万円）×3% ＊2	❶床面積が50㎡以上240㎡以下であること ❷耐久性、安全性などの住宅性のが一定基準を満たすこと（長期優良住宅の場合）
固定資産税	戸建	3年間 ＊2	5年間 ＊2	❶床面積が50㎡以上280㎡以下であること ❷市区町村に申告
固定資産税	マンション	5年間 ＊2	7年間 ＊2	

＊1 平成21年4月1日から平成23年3月31日までの間の登記に係る登録免許税について

＊2 平成24年3月31日まで延長

●親子リレーローン（代表：フラット35）で用意する

親子リレーローンなど、二世帯住宅向けのローン商品の利用は、返済期間が長くなることがメリットですが、返済期間が長くなるとそれだけ金利負担も大きくなります。また、親子間のトラブルで「同居解消」という事態になったら、ローン返済にも及ぶことになります。リスクを織り込んだ資金計画を目指してください。

共働きの夫婦で、夫の収入だけでは収入基準（必要年収）を満たすことができず、希望の借り入れができない場合があります。この場合に、妻の収入の合算（収入合算）が可能です。収入合算は、借入申込人の年収と同額までが限度など条件が有りますので、事前に借入予定の金融機関等相談してください。

また、妻の収入による借入金について、夫の名義で登記すると、夫婦間でも贈与と見なされますので、妻の負担分は妻の名義にするようにして下さい。

親もしくは子が全額出資する「単独登記」

単独登記の場合は、土地は親の財産なので、建物は子が全部負担するというケースが多いと思いますが、建物も親がすべて負担してくれるケースもあります。

親に資金があり、全額出資して親名義で登記する場合は、親子間でのトラブルがあっても子が家を出て単独で生活をすれば問題はありません。

しかし、子が全額出資して単独登記した場合で、親に預貯金などの財産がないと、親の住む家を子が負担する、もしくは子が住宅ローンを払いながらもうひとつ住む家を獲得する（購入もしくは借りる）ことになります。

万が一子が急死した場合は、建物は配偶者と子に相続されます。配偶者と仲良く生活できれば問題はありませんが、不仲の場合は争いの元となります。

48 相続の視点から見る資金計画と登記方法

point

登記の仕方により代償分割の負担が変わる。資金計画と登記は相続で争わないためにも専門家に相談。

完全分離の「区分登記」は、将来の相続まで考慮する

完全分離型の区分登記の場合は、兄弟姉妹が2人であれば、相続が起きてから親世帯の部分に他の兄弟姉妹が生活することも可能です。注意点としては、子や孫の代になり建て替えが必要になったときのことです。共同で建築することはできますが、それぞれの経済格差などの理由により、建て替えがスムースにできないことも考えられます。また、片方が単独で売却することも不可能ではありませんが、難しいでしょう。

親名義で区分登記された財産を、他の兄弟姉妹が相続すると、結果的に土地は共有名義になります（16「兄弟姉妹の間で土地の共有名義は避ける」86〜90ページ）。また建物も右記のように、単独で売却することもできませんので、避けた方がいいでしょう。

◆完全分離の「単独登記」は、賃貸で収益を上げる

完全分離型で子世帯が単独登記の場合は、将来親世帯が住んでいた部分を賃貸に出し、収益とすることもできます。土地については、代償分割の資金計画が必要です。

また、親世帯が単独登記の場合は、収益物件として建物全部を売却し、売却したお金を分割することが可能です。代償分割の場合は、土地・建物の資金準備が必要です。

建物登記名義で代償分割の資金計画が変わる

親と共有登記の場合に用意する代償分割資金は、土地と親名義の建物の一部になります。

また、相続とは別の問題もあります。子の離婚や親子間でのトラブルによる生活環境の変化に対応できるかどうかです。

同居する娘婿が住宅ローンを組み、離婚することになると残債を引き継ぐ経済力があれば問題ありませんが、なければ最悪の場合、土地建物を売却することになります。

単独登記は、土地、建物共に親名義であれば、その分の代償分割の資金計画が必要になります。子に住宅ローンの負担がないため、同居の間にしっかりと計画しておくことをお勧めします。子の単独登記の場合は、土地についての代償分割資金を用意します。

家族で話し合いをしなかった場合は、相続のときにトラブルの可能性が高くなります（第1章参照）。資金計画と登記方法で、相続トラブルと代償分割の資金計画が変わります。基本は遺言と遺留分放棄（108ページ）、生命保険などでの代償分割（110ページ）による資金計画で祝福される二世帯住宅の生活を目指してください。

49 主導権は親と子の出資負担比率で決まる

point

出資負担が多い理由で自分の意見を通そうとしない。家族みんなで話し合い、生活に合ったプランを決める。

間取りプランの主導権は出資負担率が左右する

間取りプランを決めるときには、建築費用の出資する負担が多い人の意見が反映されることが少なくありません。

特に子世帯が全額負担する場合に、親はどうしても遠慮がちになってしまいます。しかし、高額な土地を提供するのは親なのですから、遠慮せずに自分たちらしい住まい方を目指して話し合うことをお勧めします。

親の負担比率が大きいときには、子も配偶者も遠慮してしまいます。いずれは子も年をとりますので、親が住みやすい生活環境は、将来の子世帯にとってもいいのですが、長く生活する住まいですから、子世帯も自分らしい生活の希望があるでしょう。そんなときは、子世帯の出資負担を少し多めにして、自分たちの意見を反映させる方法もあります。

基本的に、出資負担が多くても、これから家族みんなで生活するのですから、「お金を出すから」という理由で、自分だけの意見を通すのではなく、みんなで話し合い、譲り合い決めていくことで、幸せの生活を手にすることができるでしょう。

親子の経済力は逆転する

親が働いているうちは、長年の蓄えや、いずれはもらえる定年退職金で、経済力は親が優位かもしれません。しかし、今の日本は、長寿社会で、かつ年金不安が付きまとっています。定年退職後の年金だけの生活では、年間100万円程度の不足が出てきますので、「長寿」もある意味リスクのひとつで、いずれ蓄えも減少します。

一方、子は一般的に長く勤めればそれだけ収入も上がりますので、いつの日か親子の経済力が逆転します。子世帯が子供の教育費などにかかる時期は、親子で協力し出資負担し、いずれは子世帯が全部負担する計画など、将来を見据えた資金計画が必要です。

50

資金計画は親のお金を当てにしない

point

資金計画は、見積額から立てずに、返済できる額で検討する。

親のお金は当てにしない

住宅ローンの借り入れで、「親に生活費を半分出してもらうから、今の賃料プラス3万円までは大丈夫」と考える人も少なくありません。しかし、ぎりぎりの資金計画は、親が急な病気や介護でお金がかかることもあります。親の気分が変わり、当てが外れることも考えられます。親のお金ありきの返済計画は、避けた方がいいでしょう。

借入可能額ではなく返済可能額で検討する

住宅ローンの借入額をフラット35を例にとって見ます。フラット35の借り入れ条件は次の条件があります。

- 申込時満70歳未満（親子リレー返済を除く）
- 日本国籍や永住許可、特別永住者の者
- 年収に占める借入年間返済額（＝総返済負担率）が年収400万円未満は30％以下、400万円以上35％以下

この例で年収500万円の人は最大に月額14・6万円を返済できる計算になります。この金額は現実的でしょうか？　月々の手取りは社会保険料や住民税、源泉徴収などを引かれて残りが手取り額になります。その中から月々払う支払額として借入年数の間払い切れるのかどうかを検討してください。

ボーナス返済を利用して月々の額を少なくする方法もありますが、企業の業績悪化によるボーナス支給額の減少も考えられますので、無理のない計画を立てて下さい。

また、長期で住宅ローンにより定年退職後まで返済がある場合は、特に、「定年退職後はボーナスがない」ことを認識してください。

希望の間取りや設備の見積もりで「借り入れできる金額」かどうかから判断すると、返済に追われるようになります。親のお金を当てにせず、月々いくらまで返済できるのか、無理のない借入額から資金計画を立てることがベストです。

51 諸費用の金額も資金計画に組み込む

point

諸費用は建築工事費の5～10％を目安とし、すぐに払えるように準備する。

意外に多い諸費用の金額

親の土地を利用して二世帯住宅を建てる場合の資金計画は、土地はすでにありますので、既存建物の解体費用、新居の建築工事費用とその他諸費用になります。資金計画を立てるときは、必ず諸費用も忘れずに資金計画を立ててください。

主な諸費用は次の5つです。

①建築に当たっての費用
②登記費用
③住宅ローンを組むときにかかる費用
④建て替えで必要な費用
⑤税金

❶建築に当たっての費用

● 建築確認申請および設計図書の作成費用：設計事務所にかかる費用。住宅メーカーの場合は建築請負工事の中に組み込まれていることもあります。
● 地鎮祭、上棟式や竣工式費用：神主へのお礼や大工棟梁や、鳶へのご祝儀などの他に、お祝いの食事会などの費用です。最近では行わないことが多くなっています。
● 近隣へのご挨拶：工事中にご迷惑をおかけする近隣への配慮。手土産を持ってご挨拶に回ります。また、新居完成後に引っ越しのご挨拶もあります。

❷登記費用

● 建物表示登記：土地家屋調査士の報酬です。
● 建物所有件保存登記：登録免許税と司法書士報酬がかかります。

- 抵当権設定登記：住宅ローンを組む場合に、登録免許税と司法書士報酬がかかります。
- 滅失登記費用：既存の建物を滅失する登記費用です。土地家屋調査士の報酬です。

❸住宅ローンを組むときにかかる費用

- ローン申し込み手数料：融資手数料または事務手数料で、定額と定率と金融機関により違います。
- ローン保証料：連帯保証人の代行です。保証協会や保証会社に支払います。
- 団体信用生命保険料：ローン契約者の死亡などに備える住宅ローン用の生命保険です。
- 火災保険料：加入義務があります。一時払いと年払いを選択します。また地震保険は任意加入です。

❹建て替えに必要な費用

- 引っ越し費用：仮住まいへの引っ越しと新居への引っ越し費用がかかります。
- 仮住まいの費用：敷金や礼金、家賃がかかります。
- 荷物の保管や処分費用：仮住まいが手狭の場合は荷物を一時保管で預ける場合もあります。また、不要なものを処分するときには粗大ごみの処分費用がかかります。

❺税金

- 印紙税：工事請負契約書や住宅ローン契約書にかかります。
- 登録免許税：登記のときにかかる税金です
- 不動産取得税：不動産を取得したときに課税されます。
- 固定資産税：市区町村の固定資産税課税台帳に基づき、土地と建物にかかる税金です。
- 都市計画税：市街化区域内の土地と建物にかかる税金です。

「登録免許税」「不動産取得税」「固定資産税」「都市計画税」には、一定の要件で特例があります（228ページ　図表４－３「軽減措置の適用要件」参照）。

諸費用は、住宅ローンの有無やローンを使う場合は金融機関の条件や、仮住まいの賃貸料、建物の種類や面積などにより金額が変わります。

一般的には建築工事費用の5～10％を目安としています。諸費用の多くは、現金払いとなります。すぐに支払いができるように事前の準備が必要です。

52 老後の蓄えは全部使ってはいけない

point

「生活費」「万が一の備え」「円満生活のための資金」。老後のライフプランを立て、３つの蓄えを確保する。

老後のライフプランを立てる

二世帯住宅を作るときに、子の負担を少なくしてあげたい親心や親のプライドなどで蓄えを建築費に出してしまうと、老後の安定した生活が厳しくなります。また、建築費をすべて出してあげたから、子に老後をすべて見てもらえるという保証がありません。

二世帯住宅での生活は、家族みんなが円満に幸せになることを目的としています。トラブルばかりを考えていても仕方ありませんが、リスク対策はしっかりと取るべきでしょう。

その方法として、老後のライフプランを立て、ゆとりのお金を建築費に回します。

年金だけでは生活できない

年金の支給開始が２０２５年度から65歳へ引き上げられ、更に現在の労働人口や平均余命などを前提に、標準世帯の所得代替率は、現在の59・３％が２０２３年度には50・２％に段階的に圧縮されると試算し、公的年金の水準が更に厳しくなる見込みです。（図表４－４）

平成19年総務省の統計データでも、月４・６万円が不足している現状です。更に、平成35年には月７・８万円（年間約１００万円）が不足になってしまいますので、老後の生活資金をしっかり貯蓄しておかなければなりません。

万が一の軍資金を確保する

二世帯住宅では、親子間のトラブルが絶対にないとは保障されていません。もし万が一、親子間でトラブルになり、協働生活が続けられなくなったときに蓄えがなかったら、「我慢して同居する」「同居していない子を頼る」「土地建物を売却し、新しい住まいを確保（購入もしくは賃貸）する」など、いずれもつらい選択をしなければなりません。

図表4-4　家計収支と年金

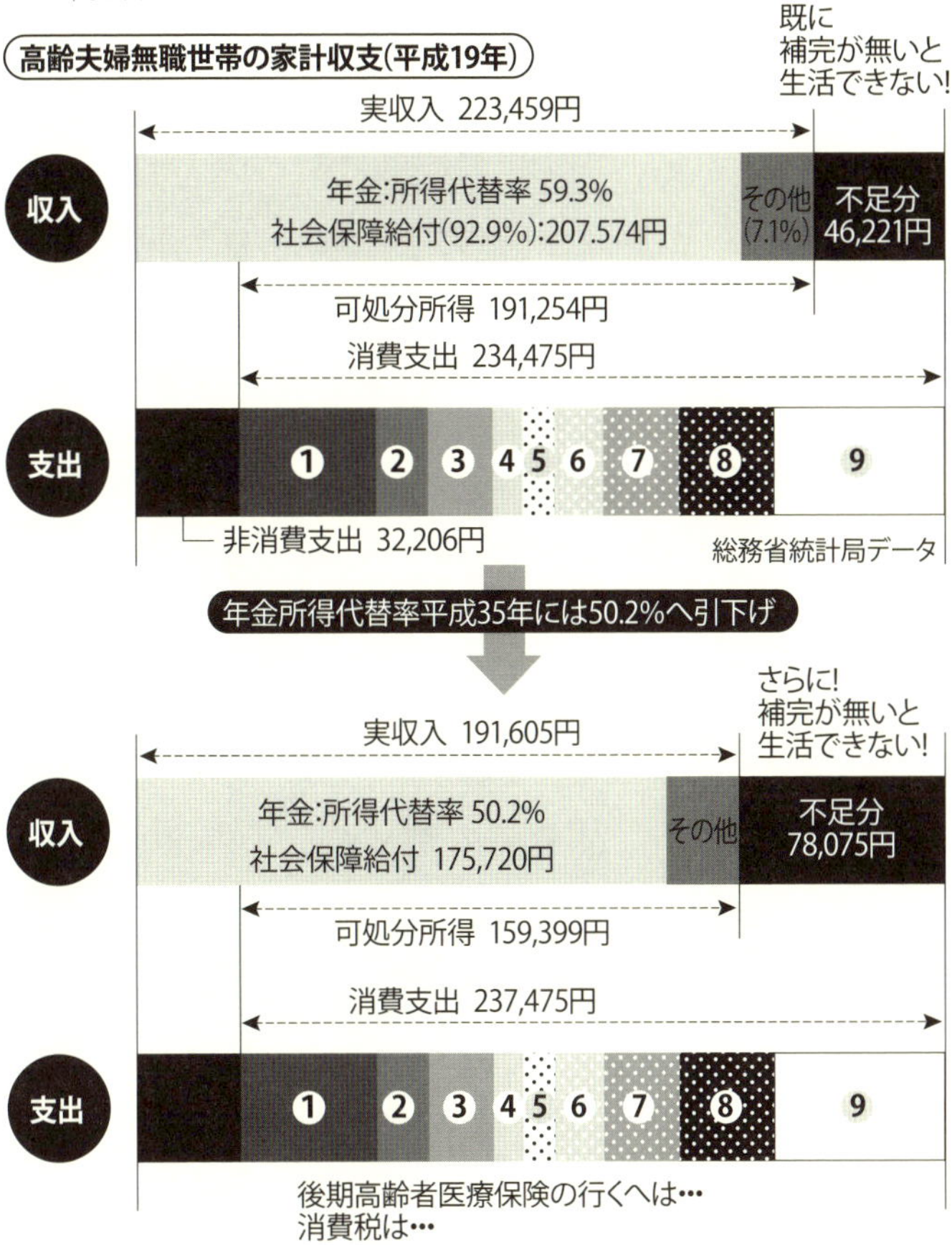

① 食料	② 住居	③ 光熱・水道	④ 家具・家事用品	⑤ 被服・履物	⑥ 健康医療	⑦ 交通・通信	⑧ 教育娯楽	⑨ その他
24.5%	6.5%	7.9%	3.7%	3.3%	6.9%	9.4%	11.6%	26.4%

手元に残すお金は、万が一の事も考えた余裕を持ちましょう。

お小遣い作戦で円満に

せっかく子や孫との楽しい生活が待っているのですから、親としては大切にしてもらいたいでしょう。もし、老後の生活資金をみんな建築費に使ってしまい、生活を子に頼っていたら肩身が狭い思いをすることになります。

それよりも蓄えを全部使わずに、たまに子や孫にお小遣いをあげるくらいの余裕があった方が、親としても満足感を得ることができます。また、子や孫に喜ばれ大切にもしてくれるでしょう。

「お小遣い作戦」で家族円満な生活を手にするひとつの戦略です。

53 ショールームで嫁姑の競い合いが始まる

point

住宅設備機器はグレードにより金額の振れ幅が大きい。後で予算不足に陥らないためにも、予算を決めてからショールームへ行くこと。

住宅会社からの提案設備などは割安なことが多い

キッチンやシステムバス、洗面化粧台、トイレなどの水廻り設備と、建具や床材、壁仕上げ材などの内装部分や、サッシや外壁などの外装部分などのすべての仕様は、初回の見積もり時に要望を伝えなければ、標準品として住宅会社の取り扱いの多い商品を提案されると思います。

特に、提案される設備機器は奥様の関心が高いところなので、極端に安ものを標準品として いる住宅会社は少なく、メーカーや設備にこだわりがなければ、住宅会社の取引が多い商品が割安なことが多いです。しかし、こだわりがあってもなくても、後でイメージと違ったり、変更などがないように、契約前に必ずショールームへ行って現物の確認をしましょう。できれば、計画段階から希望の設備をショールームで確認して見積もりに反映させせましょう。

絶対にショールームへは予算を決めて行く

二世帯住宅の場合は、区分所有でも外観は統一感を持たせるために、一緒に仕様を選びます。しかし、内部の仕様は、各世帯が独立した資金計画となることが少なくありません。その場合は、各世帯が単独で決めても問題ありません。

一方、「共有型」の場合には、後々トラブルにならないためにも、一緒に確認した方がいいでしょう。このときの注意点は、「予算を決めて行く」ことです。特に、設備を2つずつ揃える二世帯住宅の場合は、姑がグレードを上げれば、嫁も負けじとグレードを上げようとし、嫁がグレードを上げれば姑も上げるという、限りがない競い合いの状況に陥ることがあります。

ショールームでは最新の設備が揃っているので、目移りするでしょう。たとえば同じキッチンでも、面材の違いで見栄えも金額も大きく変わります。蛇口ひとつとっても、いくつかの種類から選べるようになっています。もちろん最新でグレードの高い方が見栄え良く、使い勝手もいい設計となっていることが多いです。

住宅設備機器や外装材などの金額は、かなり幅が広くなっています。少しくらいならと思ってもかなり予算をオーバーしてしまうことがありますので、予算を決めてから行きましょう。

予算内で抑える方法

予算内で抑える方法として、ショールームに行く前に、まず住宅会社が見積もりしている仕様と金額を事前にチェックして、予算がぎりぎりなのか余裕があるのか、またいくらまで余裕があるのかなど、しっかり把握しましょう。

ショールームでは、担当者に図面と見積もりされている仕様書を渡して予算を伝えます。また、住宅会社の見積予算の権限のある担当に一緒に行ってもらう方が、その場で大枠の金額を把握することもできますので、更にいいでしょう。

ショールームの担当者からは、予算よりグレードの高いものを「参考に」と言って案内されることもありますが、誘惑に負けずに予算の範囲を守りましょう。見る順番としては、見積もりされている商品から見て、満足したらあまり見て回らない方が無難です。

限りなく予算があれば構いませんが、一定の予算の範囲で納めたいのであれば、くれぐれも嫁姑間で競い合わないようにしてください。

54 仮住まいへの引っ越し時期と場所をチェックする

point

仮住まいへの引っ越し時期は、あわてずに、余裕をもった計画をする。仮住まい先は、契約した住宅会社に相談。

仮住まいに引っ越す時期

新居への入居予定は、子供が新学期から新しい学校へ通えるように配慮した3月や、お正月は新居で過ごしたいという要望で年末が一番多い時期となっています。

建物規模や構造、季節的な条件で変わりますが、おおよそ解体と建築工事、外構工事などで6ヵ月は仮住まいになるでしょう。

引っ越し予定日が決まっているのに、間取りプランに時間がかかり過ぎ、時間短縮のために建築確認申請の許可前に引っ越しと、建物解体を行うケースは避けましょう。

もし建築確認が許可されなかった場合は、時間がかかっても許可がおりればいいのですが、接道などの問題で許可がおりなかったら、親の住むところがなくなってしまいます。必ず、建築確認申請が許可されてから引っ越し、解体するようにしてください。

仮住まいは住宅会社に相談してみる

都心では、大工へのお茶出しなどの風習はなくなっていますが、建築工事をこまめにチェックするにも都合がよく、引っ越しにも楽な近所がベストです。

地場の住宅会社では、提携している不動産会社を持っていたり、自社で仮住まいや一時荷物を預かる倉庫などを持っているところもあります。仮住まいを探すときは、まず住宅会社に相談することをお勧めします。

仮住まいへ引っ越しする前に、必ず新居では不要なものを処分して、身軽で引っ越した方がいいでしょう。不要なものを預ける倉庫代や、必要以上に大きな仮住まいを借りることもなく、引っ越しの手間やコストが省けるので合理的です。

第4章
チェックリスト

登記の方法を決めましたか?	Yes ・ No
出資方法を決めましたか?	Yes ・ No
資金計画をしましたか?	Yes ・ No
仮住まいの確認をしましたか?	Yes ・ No

第5章

子孫に受け継がれる生活

55

長く共に暮らすために お金のことは明確にする

point

金銭トラブルは、親子間でも断絶に発展する恐れのある問題。それぞれの収支バランスを見ながら負担率を事前に決める。

生活費の負担率は事前に決める

完全分離型の二世帯住宅の場合は、「自分たちの分は自分たちで払う」というけじめがついていることが一般的です。問題は、完全共有型や一部共有型の場合です。食費や光熱費、車を共有していれば車の管理費、将来のリフォーム代金の積立、固定資産税や都市計画税の負担率があいまいになってしまいます。

親世帯が現役で働いている間は、親世帯に負担率を多く払ってもらい、定年退職したら子世

図表5-1 **費用負担リスト**

（負担率）

		親世帯	子世帯
水道代金		%	%
電気代金		%	%
ガス代金		%	%
電話代金		%	%
携帯電話代金		%	%
新聞代金		%	%
食費	朝	%	%
	昼	%	%
	晩	%	%
固定資産税		%	%
都市計画税		%	%
リフォーム（積み立て）		%	%
車	ガソリン	%	%
	保険	%	%
	車検	%	%
その他		%	%

帯が多い負担率とする場合もあると思います。いずれにしても、親世帯と子世帯の負担率を収入バランスを見ながら話し合ってください。

同居する世帯の間ではよくても、他に兄弟姉妹がいる場合は、後で金銭トラブルになる可能性も考えられます。

お財布と主導権

一般的に、それぞれの世帯でお金を出し合って、その中でやりくりすることが多いと思います。その場合でも、お財布をどちらが握るのかによって主導権も変わってきます。どちらが主導権を握るのかは、家族の考え方で違うと思います。息子同居の場合は「お嫁さん」という他人が入ります。

特に、子供が小さく離乳食やおやつ代、大きくなっても食べ盛りには食費もかかる時期に、親世帯がお財布を握った場合は、その都度お伺いを立ててお金を精算してもらうのは気が引けます。そのような場合は子世帯がお財布を握る方がいいでしょう。

お財布を一度にぎってしまうと、なかなか離してもらえませんので事前に話し合い決めましょう。

56 将来のことも視野に入れた可変住宅の勧め

point

安全性、快適性、機能性を備えた可変する住宅は、二世帯住宅のライフサイクル循環にも対応できる理想の住まい。

可変住宅の必要性

日本の木造住宅の寿命は20年、25年と言われていました。しかし、２００９年６月に「長期優良住宅の普及の促進に関する法律」が施行され、よい家をしっかりと手入れしながら長く大切に住むことができる基準ができました。

家の寿命が長くなったのに、住む人のライフスタイルの変化に応じて、間取りも変わらなければ住みにくく、長期的に住むことができなくなってしまいます。

図表5-2　長期優良住宅の条件

この法律は、長期にわたり住宅を使用することで、住宅の解体などに伴う廃棄物を抑制し、環境への負荷を低減と、建替えによる費用の削減によって、環境にも、人にも優しい住まいを目指した法律です。

長期優良住宅の認定基準

- ❶構造躯体などの劣化対策
- ❷耐震性
- ❸可変性
- ❹維持管理・更新の容易性
- ❺高齢者等対策
- ❻省エネルギー対策
- ❼居住環境
- ❽住戸面積
- ❾維持保全計画

そのためにも、今後住まいを建築するにあたって、可変できる住宅が重要となります。

可変住宅とは、ライフスタイルの変化に応じて、間取りも変化できるように、あらかじめ計画された住宅です。

安全性、快適性、機能性を備えた住環境の充実と、将来のリフォームとメンテナンスがしやすい工夫を施します。

二世帯住宅における可変住宅には、次の2つがポイントになります。

- 加齢への対応
- ライフサイクルの循環への対応

◆加齢への対応住宅

加齢への対応ができる住宅とは、最初から重装備に介護設備をつけた住宅ではありません。

元気なうちは自立した生活を送り、手助けが必要となったときに家族の手助けを受けるのと同じように、加齢者の体の状況に合わせて必要とされる設備を付加できるように、事前に設計しておきます。

高齢になると身体機能の低下はありますが、個人により変化は違いますし、また予測することもできません。

●手すりを取り付ける下地を事前に設けておく
●照明器具や電気配線を取り付けられるようにしておく
●寝室からトイレまで直接行ける工夫

他の部屋との動線計画や後から必要な設備を取り付けられるなどの検討をして、個人に合った加齢への対応ができる工夫が必要です。

◆ライフサイクルの循環への対応

二世帯住宅を建築したときは、父親は現役で働き、子世帯はまだ子供が小さいかもしれません。しかし図表5－3のように、年を重ねるごとに家族構成も変化し、その変化に伴い生活も変化します。

二世帯住宅の建築時は、親と子のライフサイクルが、ある一段階の状況だからです。親の身体状況に合わせて、上下階の移動があるかもしれません。孫の成長で、親世帯の一部を提供することもあるでしょう。

孫世帯も同居して三世帯住宅になっても、最終的には、ライフサイクルが循環していきます。世代が変わっても生活できるように、それぞれのライフステージに合わせた住み方が可能な計画をしておくことがベストです。

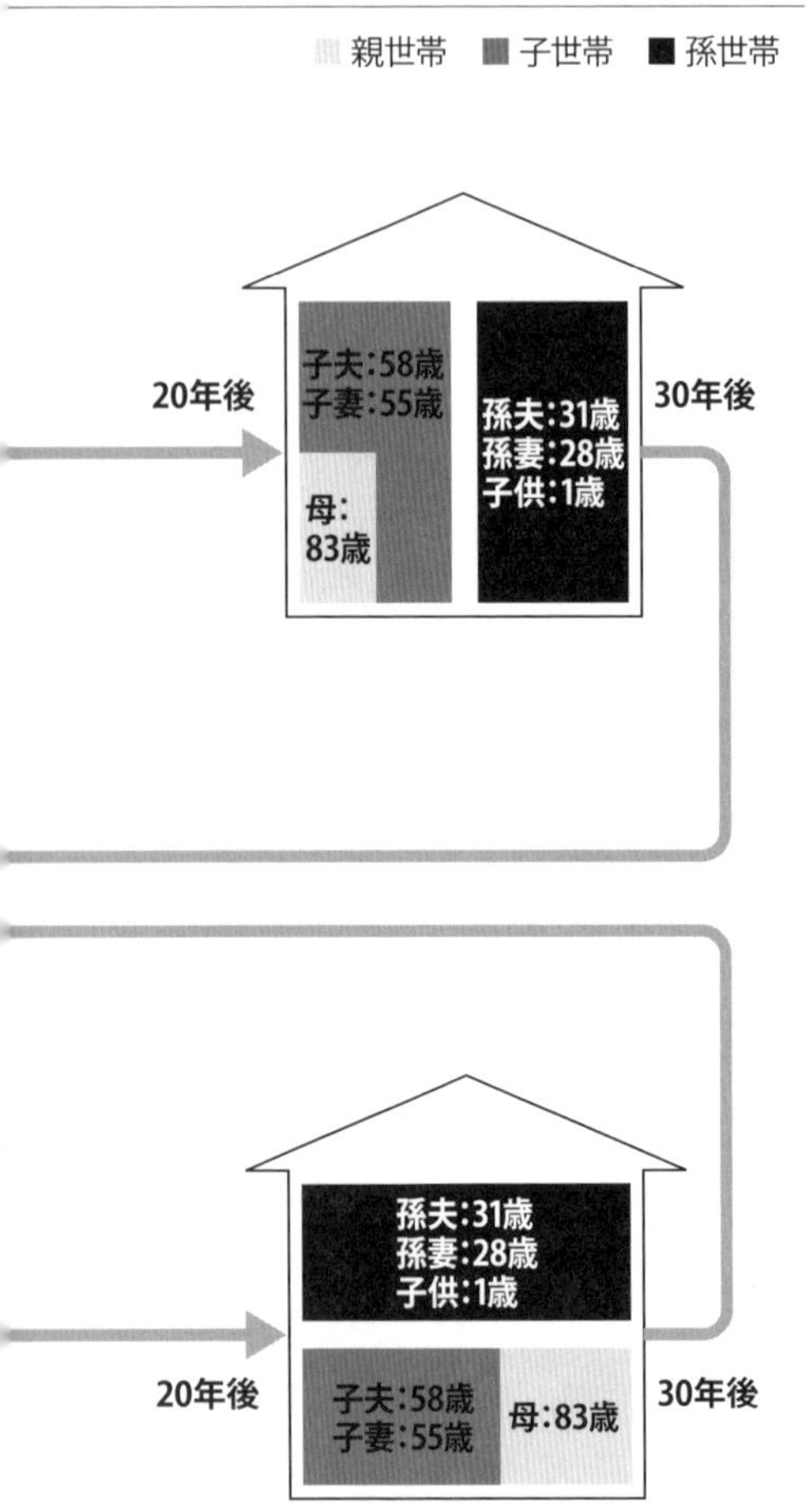

図表5-3　ライフサイクルの例

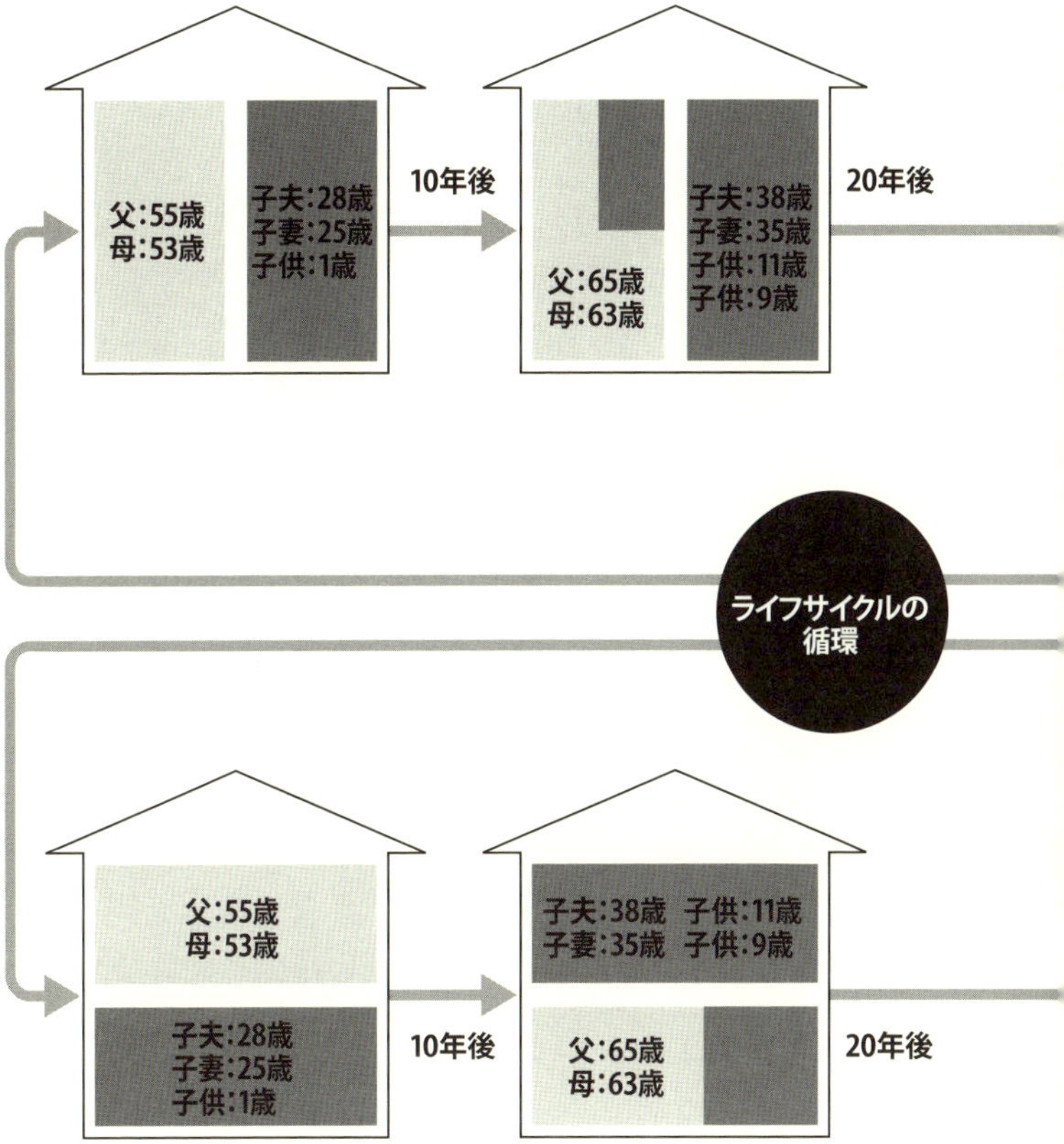
父:55歳
母:53歳
子夫:28歳
子妻:25歳
子供:1歳
10年後
父:65歳
母:63歳
子夫:38歳
子妻:35歳
子供:11歳
子供:9歳
20年後
ライフサイクルの
循環
父:55歳
母:53歳
子夫:28歳
子妻:25歳
子供:1歳
10年後
子夫:38歳
子妻:35歳
子供:11歳
子供:9歳
父:65歳
母:63歳
20年後

57 住宅履歴の勧め

point

住宅の履歴をつけ、長く大切に資産価値を高めた住まいは、孫子に受け継がれる財産となる。

子や孫に受け継がれる住まい

子や孫に受け継がれる住まいとは、ライフサイクルの循環が可能で、いつまでも住み続けたいと思える価値ある住宅です。住宅の価値には次の3つが挙げられます。

● 資産価値：売却したときに「いくらで売れる」という、市場が決める価値

● 使用価値：ライフサイクルによって変わる生活状況に対応できる「使用する価値を持ち

続けられ」という、住む人が決める価値
●感性価値：時代や環境の変化による新たな「個人のこだわりや感性、トレンド」による価値

この3つの価値が相乗効果を持つことで、高い価値を見出し、子や孫に受け継がれる住まいとなります。

価値を維持するために住宅の履歴をつける

国道交通省の統計データ住宅の平均築後年数は、日本は30年、アメリカは55年、イギリスでは77年となっています（平成20年度国土交通白書）。

この違いは主に、日本の住宅の質が低かったことと、中古流通が整っていなかったことが挙げられます。

イギリスでは中古住宅の売買には住宅履歴が必要で、資産価値と生活の向上を求め、住まいを大切に手入れし、次の世代にも引き継がれるようにしています。

図表5－4の例でもわかるように、ひとつの建物を長く大切に使うことは、地球環境に良いだけではなく、住宅にかかる費用負担が少なくなることで、生活にゆとりができます。

図表5-4 100年間にかかる住居費用の比較例

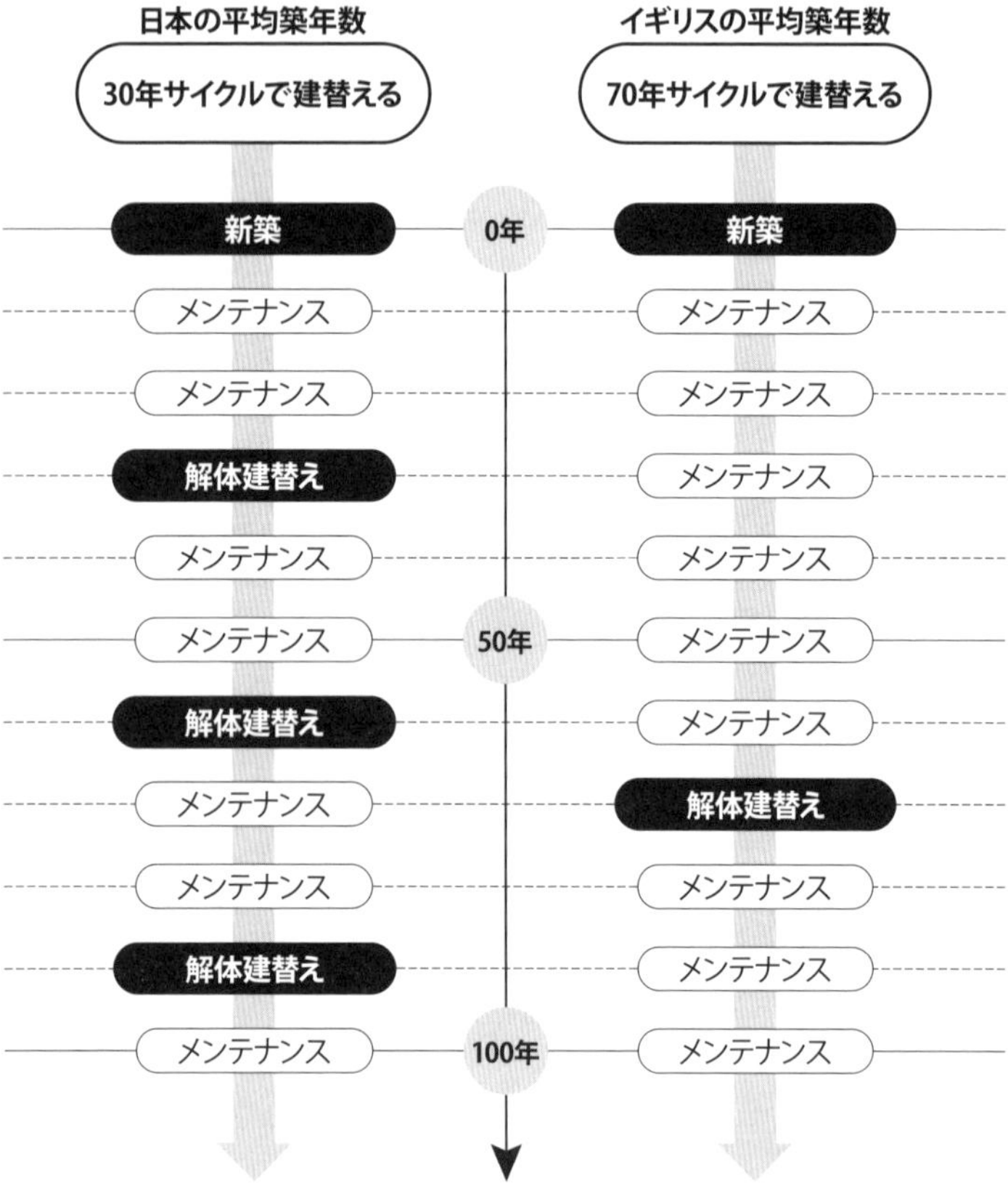

新築		3,000万円	新築		4,000万円
建替え	3000万円×3回	9,000万円	建替え	4000万円×1回	4,000万円
メンテナンス	100万円×7回	700万円	メンテナンス	100万円×9回	900万円
合計		**12,700万円**	**合計**		**8,900万円**

２００９年に施行された、長期優良住宅の認定を受けるためには、住宅の履歴が必要となります。住宅がどのように設計・施行され、住宅の価値を高めるために、どのようなリフォームや修繕、改修といった維持管理が行われたかを履歴に残すものです。

長期優良住宅の制度を利用することはお勧めです。しかし、利用しなかったとしても、住宅の履歴を残し、子や孫に引き継がれる価値ある二世帯住宅の建築と維持を目指してください。

58

「使用貸借」した土地には贈与税はかからない

point

「使用貸借」は土地の所有形態により、税務署への届け出の有無が変わる。

使用貸借は届け出の必要はない

親の土地を利用して二世帯住宅を建てる場合の土地の扱いについて、親から無償で土地を借りるケースがほとんどです。この場合は、贈与税はかかりません。

一般的には、地代や権利金などを借地権設定の対価として支払いますが、親の土地に子が家を建てるときは、地代や権利金を払うことは通常ありません。

このように、親の土地を無償で借りて家を建てる場合は、「使用貸借」による土地を使用する権利の価額は「ゼロ」として扱われるため、子に借地権相当額の贈与税が課税されることはありません。税務署への届け出も必要ありません。

しかし、相続が発生すると相続税の対象となります。そのときの土地の価額は、貸し宅地ではなく、自分が使っている土地として評価されます。

また、娘婿が二世帯住宅を建てて同居する場合も同様の扱いになります。

借地権の場合は届け出が必要

一方、親の土地が借地の場合は、「借地権の使用貸借に関する確認書」を税務署へ届け出る必要があります（確認書の用紙は、国税庁のＨＰからダウンロードできます）。

この確認書は、借地権者の親と家を建築して所有する子と地主の3人連名で、借地権を使用貸借で又借りしていることを確認するものです。

この使用貸借されている借地権は、親が土地の所有権を持っている場合と同様に、将来親から子供が相続するときに相続税の対象となります。

また、土地の所有権を借地権者の親ではなく、子が買い取るときは、親の借地権者としての地位に変更がない申し出手続きが必要になります。

図表5-5 税務署への届出書類

借地権の使用貸借に関する確認書

借地権者の地位に変更がない旨の申出書

■借地権者の地位に変更がない旨の申出書
http://www.nta.go.jp/tetsuzuki/shinsei/annai/sozoku-zoyo/annai/pdf/38-2.pdf
■借地権の使用貸借に関する確認書
http://www.nta.go.jp/tetsuzuki/shinsei/annai/sozoku-zoyo/annai/pdf/37-2.pdf

親が所有の建物に子が増築する

子が増築した部分について、民法上は、建物の所有者である親の所有物となります。親が増築した子に、相当額の対価を支払わない場合には、親は子から増築資金相当額の利益を受けたとして贈与税がかかります。

増築資金に相当する建物の持分を親から子供へ移転させて共有とすれば、贈与税は課税されません。しかし、共有とした場合に、親は建物の持分の一部を子供に譲渡したことになります。譲渡所得として所得税が課税されることがありますので、お近くの税務署へ問い合わせてください。

59 親の土地の相続税課税価格の計算

point

評価が高い親の土地は、相続時に小規模宅地等の特例を受けることができる。

評価が高い親の土地の相続

親の土地に二世帯住宅を建て、ホッとしても土地の評価が高い場所では、相続税が心配になってくると思います。

たとえば、土地が200㎡（60・5坪）で、評価が㎡当たり40万円とすると、土地だけで8000万円、その他に預貯金などが2000万円、合計で1億円の遺産があったとします。法定相続人が子2名の場合は、基礎控除が5000万円＋（1000万円×2名）＝

図表5-6　相続税の税額

課税標準	税率	控除額
1,000万円以下	10%	―――
3,000万円以下	15%	50万円
5,000万円以下	20%	200万円
1億円以下	30%	700万円
3億円以下	40%	1,700万円
3億円超	50%	4,700万円

7000万円なので、課税遺産額は3000万円となります。

相続税は、累進税率なので、相続人2名で3000万円の場合は、1人1500万円で15％の税率、更に控除額が50万円なので、1人当たりの相続税額は175万円です。

住宅ローンを払い、教育費がかかり、更に相続税の心配をしなければいけないと思うかもしれません。しかし、マイホームとなっている居住用の土地や事業用の土地で、一定の要件を満たすと小規模宅地等の特例を受けることができます。

◆小規模宅地等の特例（居住用宅地）

この特例制度を適用するには、次の要件を満たす必要があります。

❶被相続人の居住の用に供されていた場合

● 配偶者が取得した場合
● 被相続人と同居していた親族が取得し申告期限まで引き続き居住している場合
● 被相続人に配偶者・同居していた法定相続人がいない場合、相続開始前3年以内に本人または本人の配偶者の所有する家屋に居住したことがない親族が取得した場合

❷被相続人と生計を一にする親族の居住の用に供されていた場合

● 配偶者が取得した場合
● 被相続人と生計を一にしていた親族が取得し、相続開始前から申告期限まで自己の居住の用に供している場合

この要件を満たした小規模宅地について、最大限度面積240㎡について、課税価格算入割合が20%となります。

したがって、前例の200㎡（60・5坪）の8000万円の土地は、小規模宅地等の特例で8000万円×20%＝1600万円となります。したがって、預貯金を合わせた遺産総額の合計は3400万円です。基礎控除の範囲となり相続税はかからない計算になります。

この小規模宅地等の特例を受けるには、次の注意点があります。

図表5-7 小規模宅地等の特例を受けた相続税の計算例

●法定相続人：子2名

●遺産総額

・土地（200㎡）：8,000万円
・預貯金：2,000万円

合計：1億円

40万円/㎡×200㎡=8,000万円

路線価図

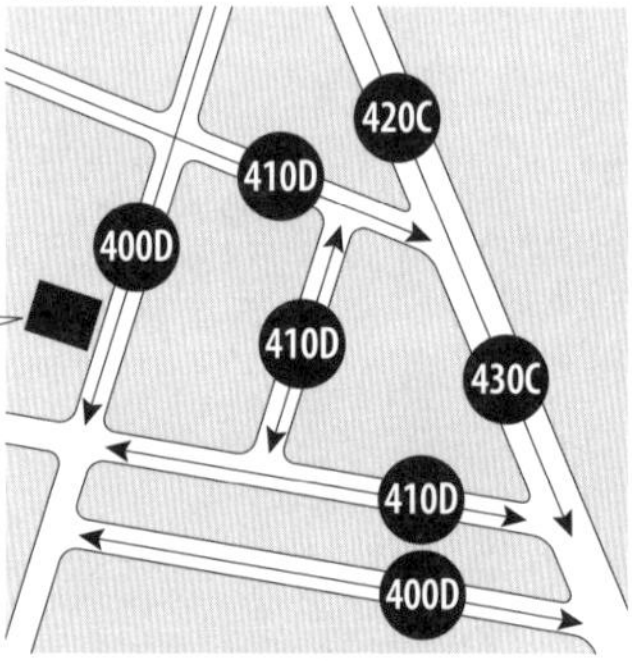

※路線価図は国税庁HPまたは
最寄りの税務署で閲覧が出来ます

●相続税の計算

・特定居住用宅地　200㎡≦240㎡　※200㎡
8,000万円×20%=1,600万円

・預貯金：2,000万円

合計3,600万円

基礎控除：5,000万円+（1,000万円×2人）=7,000万円

7,000万円>3,600万円 **したがって相続税はかからない**

- 相続税の申告期限までその宅地を所有している必要がある
- 申告期限まで遺産分割協議が終了している

◆平成22年度の税制改正（図表5－8）

小規模宅地等の特例は、今まで相続人が相続税の申告期限までに居住を継続しない宅地についても200㎡までは50％の適用がありましたが、平成22年度の改正により適用対象から除外になりました。

更に今までは、相続人の1人でも要件を満たしていればよかったのですが、相続で取得した者ごとに適用が判断されることになりました。

1棟の建物で、特定居住用宅地などの要件に該当する部分とそれ以外の賃貸住宅などがある場合でも適用対象となっていましたが、按分し計算することになります。

たとえば、建物の半分に二世帯住宅を建て居住用とし、半分を賃貸住宅とした場合は、今まではその敷地のすべてが特定居住用宅地などとして対象になっていましたが、改正後は2分の1が対象となり、残りの2分の1はその他の宅地という扱いになります。

図表5-8　租税特別措置等(小規模宅地)

小規模宅地等についての相続税の課税価格の計算の特例について、相続人等による事業又は居住の継続への配慮という制度趣旨等を踏まえ、次の見直しを行います。

イ　相続人等が相続税の申告期限まで事業又は居住を継続しない宅地等（現行200㎡まで50％減額）を適用対象から除外します。

ロ　一の宅地等について共同相続があった場合には、取得した者ごとに適用要件を判定します。

ハ　一棟の建物の敷地の用に供されていた宅地等のうちに特定居住用宅地等の要件に該当する部分とそれ以外の部分がある場合には、部分ごとに按分して軽減割合を計算します。

ニ　特定居住用宅地等は、主として居住の用に供されていた一の宅地等に限られることを明確化します。

注）上記の改正は、平成22年4月1日以後の相続又は遺贈により取得する小規模宅地等に係る相続税について適用します。

出所：財務省「平成22年度税制改正大綱」より一部抜粋

第5章

チェックリスト

生活費などの負担比率を決めましたか?	Yes ・ No
将来のライフステージを考えましたか?	Yes ・ No
住まいのメンテナンスを検討しましたか?	Yes ・ No
土地使用方法の確認をしましたか?	Yes ・ No
相続時の土地評価を確認しましたか?	Yes ・ No

年　　月　　日

6. 土地環境

地盤		地中埋設物	
ハザードマップ		移動できない植栽など	

7. ライフラインの確認

給水	□有　□無	公営　私設　井戸	敷地内引き込み配管（13/20/25㎜）
排水	汚水	□有　□無	雑排水　□有　□無
	雨水	□有　□無	
ガス	都市ガス	□有　□無	LPG　□有　□無
電気	付近の電柱	□有　□無	電柱移動　□有　□無
設備配管の経由調査 第三者の土地経由			

8. 敷地の関係法規

都市計画	都市計画区域　市街化調整区域　区域外　未線引	
用途地域	住居系	□第一種/第二種低層住居専用地域
		□第一種/第二種中高層住居専用地域
		□第一種/第二種住居地域/準住居地域
	商業系	□近隣商業/商業地域
	工業系	□準工業地域/工業地域
建蔽率	建蔽率　%　角地適用　□有　□無　+10%　（　%）	
容積率	容積率　%　道路制限/（　m） ※道路幅員×（　%）※住居系40%・その他60%×100=　%	
防火指定	無指定/準防火/防火/その他　道路斜線	
絶対高さ	□有　□無　（　m）	
高度地区・斜線制限	北側斜線　第（　）種高度地区	
日影規制	□有　□無　（内容　）	
建築協定	□有　□無　（名称　内容　）	
壁面後退	□有　□無　（関係法令　内容　）	
その他の地区指定	風致地区/緑地地区/宅地造成規制地区/砂防法/ 急傾斜地崩壊防止法/地すべり防止法/土地区画整理事業地区	

建築指導課	担当:	道路課	担当:	水道	担当:
宅地指導課	担当:	電気	担当:	ガス	担当:

1. 現況敷地図

方位

2. 地名地番　　**3. 敷地面積**

3. 土地名義　住所・氏名

4. 道路

方位	境界確認	道路幅員	接道長さ	高低差	側溝	※建築基準法上の扱い
側	□有 □無	m	m	m	□有 □無	公・私道　号 法　条　項　号道路
側	□有 □無	m	m	m	□有 □無	公・私道　号 法　条　項　号道路
側	□有 □無	m	m	m	□有 □無	公・私道　号 法　条　項　号道路
側	□有 □無	m	m	m	□有 □無	公・私道　号 法　条　項　号道路

5. 隣地

方位	境界確認	高低差	日照確認	建物計画への問題確認
側	□有　□無	m		
側	□有　□無	m		
側	□有　□無	m		
側	□有　□無	m		

	チェック項目		調査結果
生活の利便性	医療機関	整骨医院	分
		その他	
	図書館	距離	
子育てに関する環境	学校・幼稚園・保育園	距離	
		通学路の安全	
	公園・遊び場		
	学習塾		有・無
		レベル	
	お稽古		有・無
住環境	周辺住民	年齢層	
	街並み		
	防犯・防災の安全		
	自然	緑地	
	騒音		
	大気汚染		
	嫌悪施設		
行政サービス	最寄り行政機関までの所要時間	距離	有・無
		交通手段	
	住宅取得支援サービス		有・無
	ゴミ収集		
	医療		
	福祉		
将来性	行政方針		
	周辺住民の推移		減少・増加
	大型開発計画		有・無
	鉄道の新線計画		

	チェック項目		調査結果
交通の利便性	最寄駅までの所要時間	徒歩	**分**
		バス	**分**
		自転車	**分**
		車	**分**
	自転車置き場の有無		**有・無**
	通勤・通学の所要時間	通勤	**分**
		通学	**分**
	通勤・通学の費用	通勤	**円**
		通学	**円**
	道路状況	道路幅	**m**
		混雑状況	
		高速道路	**m**
生活の利便性	買い物	スーパー	
		商店街	
		コンビニエンスストア	
		デパート・百貨店	
	飲食店		**有・無**
		距離	
		駐車場	**有・無**
	金融機関	郵便局	
		銀行	
		その他	
	医療機関	総合病院	
		診療所	
		内科	
		小児科	
		歯科	

あとがき

最後までお読みいただきまして、誠にありがとうございました。

2009年に長期優良住宅の認定制度が制定され、これから日本の住まいも20〜30年の家から、子孫に受け継がれる資産へと変わっていきます。

「心」の対策をした場合は、資産価値の高い二世帯住宅として、何十年と家族の生活を守り、安らぎを提供してくれるでしょう。

しかし、対策を立てずに、相続争いで数年しか使わない二世帯住宅を取り壊すことになったら、建築費に掛けた財産と、環境資源を無駄に使うだけではありません。大切な家族の絆も、家も壊すことになってしまい、悲しさと辛さが残るだけです。

この違いは「心」の対策を立てたかどうかで大きく変わりますが、「相続」「不動産」「建築」などの要素が複雑に絡み合い、ユーザーと一緒に取り組む専門家は残念ながら、ほとんどおりません。

そこで、親の土地を利用して二世帯住宅を建てるにあたって、兄弟姉妹との相続・介護まで話し合う必要がある項目と対策、今と同じ大きさの建物が建てられるとは限らない現実の確認項目など、幸せの二世帯住宅を掴むために必要な情報をご紹介してきました。

本書をお読みいただき、計画の事前準備はできましたか？

さあ、これから二世帯住宅の計画がスタートします。予算や時期、要望が決まったら、設計事務所や住宅会社に相談に行きましょう。

また、途中に織り込んだチェックリストや調査票は、家族の二世帯住宅に対する要望を伝えるときに役立ちます。ぜひ活用してください。

一人でも多くの方に、幸せの二世帯住宅を掴んでほしいと強く願っています。

最後になりましたが、本書の出版にあたって、税理士法人中野会計事務所　中野幸一先生と和田税理士事務所　和田政彦先生にはご尽力いただきましたこと、紙面をお借りしてお礼申し上げます。

２０１０年３月21日

住まいのマエストロ　山岸　多加乃

本書をお読みいただいた、
ご感想などを、
http://www.ldmiyabian.com/まで
お寄せいただけると
大変ありがたく思います。

◉著者紹介
山岸 多加乃
（やまぎし・たかの）

1級建築士・サーティファイド ファイナンシャルプランナー（日本ＦＰ協会会員）・インテリアコーディネーター・住宅ローンアドバイザー・宅地建物取引主任者
住まいのマエストロ　株式会社らいふでざいん雅庵　代表取締役
1963年生まれ。3度の二世帯同居生活を経験し、二世帯住宅のメリット・デメリットを実感。建築士・ＦＰとして、ライフデザインを取り入れた住まいの提案を得意とする。

株式会社らいふでざいん雅庵
URL：http://www.ldmiyabian.com/
女性ならではの、きめ細かな住まいづくりを提案します。
●個別相談で納得できる家づくりをサポート
　住宅の土地選び・診断から、ライフプランシミュレーションを取り入れたご要望の具体化をサポート。
●失敗しない二世帯住宅支援
　相続対策のご相談、ライフプランから考える住まい方の提案。土地活用のご提案。

絶対に後悔しない
二世帯住宅のつくり方
――相続対策から家づくりまでトラブル対策59のポイント

2010年4月28日 第1刷発行

◉著　者　山岸 多加乃
◉発行者　上坂 伸一
◉発行所　株式会社ファーストプレス
〒107-0052 東京都港区赤坂 4-6-3
電話 03-5575-7671（編集）
03-5575-7672（営業）
http://www.firstpress.co.jp

装丁・DTP◉オムジグラフィコ
印刷・製本◉高千穂印刷株式会社

ISBN 978-4-904336-45-8